# COLECCIÓN COCINA



Antojitos mexicanos
Cocina económica
Cocina para diabéticos
Cocina saludable con ajo
Cocina sin colesterol
Cocina tradicional mexicana
Cocina veracruzana
Cocina yucateca
Cocina para el bebé
Nueva cocina vegetariana, La
Sopitas que curan, palabras...

# COLECCIONES

Ejecutiva
Superación personal
Salud y belleza
Familia
Literatura infantil y juvenil
Con los pelos de punta
Pequeños valientes
¡Que la fuerza te acompañe!
Juegos y acertijos
Manualidades
Cultural
Espiritual
Medicina alternativa
Computación
Didáctica
New Age
Esoterismo
Humorismo
Interés general
Compendios de bolsillo
Aura
Cocina
Tecniciencia
VISUAL
Arkano
Extassy

# Sandra Woodruff

# Postres para diabéticos

SELECTOR
actualidad editorial

SELECTOR
actualidad editorial

SELECTOR
actualidad editorial
Aniversario
50
1950-2000

**Doctor Erazo 120**
**Colonia Doctores**
**México 06720, D. F.**

**Tels. 588 72 72**
**Fax: 761 57 16**

POSTRES PARA DIABÉTICOS
Título en inglés: *Diabetic Dream Desserts*

Traducción: Ligia C. Argote Solís
Diseño de portada: Heidi Zelinski


Reprinted by special arrangement with Avery Publishing Group, Inc., Garden City Park, New York, U.S.A.



ISBN (en español): 970-643-205-1
ISBN (en inglés): 0-89529-712-4

Primera reimpresión. Enero del 2000


Impreso y encuadernado en México.
*Printed and bound in Mexico.*

# Contenido

BAKERY

# Prefacio

Hasta hace pocos años, todos nosotros hemos aprendido que para estar saludables necesitamos una dieta adecuada, con un alto contenido de granos enteros y otros alimentos completos, así como baja en grasas y azúcar refinada. Aunque esto es importante para todos, para los 14 millones de personas que padecen diabetes es vital. De hecho, para el 90 por ciento de ellas, la nutrición deficiente fue el factor que contribuyó al desarrollo de la enfermedad. Si le parece imposible, piense en lo siguiente: el norteamericano promedio obtiene casi la mitad de sus calorías de las grasas y el azúcar refinada; el resto de su dieta consta por lo general de granos refinados y alimentos procesados, pobres en nutrientes. La mayoría de las personas sólo comen la mitad de la cantidad recomendada de frutas y vegetales, y obtienen la mitad de la fibra necesaria para mantener una salud adecuada. Combine una dieta así con una vida sedentaria y no sólo desarrollará diabetes, sino también obesidad, enfermedades cardiacas, cáncer y otros trastornos.

Lo bueno es que así como la nutrición deficiente contribuye a la diabetes, la piedra angular para su tratamiento es una nutrición adecuada. De hecho, las personas pueden controlar, e incluso revertir su diabetes, con terapia nutricional y ejercicio. Este libro le ayudará a empezar permitiendo maximizar su nutrición y seguir disfrutando de postres dulces; desde el pastel de zanahoria con canela, hasta el sensacional pay de fresa, el pudín de polenta, galletas con chispas de chocolate y nuez. Cada receta fue diseñada para eliminar o reducir en gran medida la grasa y el azúcar, aumentar la fibra y reforzar la nutrición.

De igual importancia fue probar las recetas de la cocina para asegurar su éxito cada vez que se prepararan, y dar a probar a la gente para asegurar que cada delicia producida sea un éxito.

En este libro se empieza explicando con sencillez que el azúcar, las grasas, la fibra, y otros nutrientes afectan a los diabéticos y cómo una dieta sabia puede contribuir a una salud adecuada. Aprenderá a usar harinas integrales, frutas, jugos de frutas, especias, endulzantes artificiales y sustitutos de grasas naturales para crear saludables y deliciosos postres que le ayudarán a mejorar su nutrición. También aprenderá a usar mejor los endulzantes artificiales. El resto del libro presenta una fabulosa selección de sabrosos pasteles, pays, pudines, galletas, pasteles de frutas, postres crujientes, panqués y otras delicias dulces, preparados con ingredientes saludables, bajos en grasa o sin ésta, y con una cantidad mínima de azúcar en comparación con la que se utiliza para los postres tradicionales.

Además de incluir recetas probadas y aprobadas, se proporcionan abundantes sugerencias para ayudarle a crear versiones más saludables de sus postres favoritos. En estas páginas descubrirá cómo reducir o eliminar el azúcar, a usar los sustitutos naturales de grasa, utilizar muchos de los nuevos productos bajos o sin grasa, y las harinas integrales. Estas sencillas sugerencias le facilitarán la modificación de sus propias recetas.

Así que tome su espátula y prepárese para aprender a preparar postres saludables y deliciosos. Espero que esta obra le muestre que las delicias no necesitan hacerse con grasa y azúcar, y que los productos saludables le pueden satisfacer, estimular y divertir.

# Introducción

Preparar y comer alimentos adecuados es uno de los placeres más sencillos y maravillosos de la vida, por lo que los postres hechos en casa están a la cabeza de la lista de los favoritos. Galletas frescas salidas del horno, pudines, postres crujientes de fruta, pasteles de café, bizcochos calientes y esponjados, así como dulces y sabrosos pasteles y pays que han inspirado los corazones de generaciones. Las delicias hechas en casa también forman parte especial de muchas tradiciones familiares, ya que recetas muy atesoradas pasan con cariño de padres a hijos. El simple aroma de galletas recién horneadas, panes, pasteles y otras delicias traen recuerdos de momentos especiales.

Durante muchos años, erróneamente se dijo a los diabéticos que tenían prohibidos los dulces, por lo cual, los libros de postres para diabéticos evitaban por completo el uso del azúcar. Por desgracia estos libros a menudo comprometían la nutrición al incluir demasiada grasa y endulzantes artificiales, y depender ante todo de las harinas refinadas.

En investigaciones más recientes se ha demostrado que los diabéticos pueden incluir en sus dietas cantidades moderadas de azúcar y conservar un control adecuado de azúcar en la sangre. Así, esta obra es muy diferente a los libros de cocina anteriores. Esta colección única de recetas fue diseñada para ayudar a crear dulces deliciosos bajos en azúcar, en grasa y alimentos refinados, y con un sorprendente alto contenido de nutrientes necesarios para la buena salud.

Como nutrióloga, maestra y persona que ama el buen comer, desde hace mucho tiempo empecé a buscar formas de aumentar la higiene en los platillos. Mi primer paso fue reducir o eliminar por completo la grasa de los alimentos. Sin embargo, descubrí que muchos de los sustitutos naturales de la grasa que utilicé redujeron la necesidad del azúcar. Como resultado de años de experimentación, de pruebas en la cocina, y de muchas sugerencias útiles de clientes y estudiantes, desarrollé formas sencillas para hacer pasteles esponjosos y deliciosos, galletas, pays, pasteles de frutas, pudines y otras delicias bajos en grasa o sin ella y mucho menos azúcar, mismos que comparto en este libro. Además de eliminar o reducir la grasa y el azúcar, también aumenté el valor nutritivo de los postres y dulces usando granos enteros y harinas integrales, ¿el resultado?, postres de gran sabor que pueden incluirse con facilidad en la dieta de cualquier persona diabética.

Una de las características de este libro es la sencillez de las recetas. Hice todo lo posible por incluir un mínimo de ingredientes y utilizar la menor cantidad posible de cacerolas, sartenes, equipo y utensilios. Muchas recetas pueden mezclarse a mano en una cacerola; otras más son fáciles para principiantes. Así que invité a toda la familia a participar, estos postres *no* son *sólo para diabéticos,* deje que este libro sea el principio de maravillosos recuerdos.

# Haga su pastel y también disfrútelo

En ocasiones, puede preparar su pastel y también comerlo... y sus pays, pasteles de frutas, postres crujientes, pudines y galletas. Este libro presenta una variedad de recetas para preparar postres deliciosos según los últimos lineamientos para diabéticos. Todas estas recetas contienen cantidades bajas o moderadas de azúcar y muy poca grasa. Muchas también incluyen granos enteros, frutas y otros alimentos ricos en fibra. Cocineros expertos y aprendices se sorprenderán por igual de la cantidad de formas creativas y saludables de reducir la grasa y el azúcar en los postres.

Este capítulo explica qué es la diabetes, y cómo el azúcar, la grasa, la fibra, y otros nutrientes influyen en esta enfermedad que en gran medida puede evitarse y recibir tratamiento. Usted aprenderá por qué un plan bajo en grasas y de alto contenido en fibra es por lo general la elección más sabia, y cómo ciertas vitaminas y minerales pueden ayudar a que su cuerpo controle el azúcar con más eficacia. A continuación podrá saber algo acerca de diversos ingredientes, utilizados en las recetas de este libro, que le permitirán preparar delicias saludables con bajo contenido de grasas y azúcar, y que además le darán gran satisfacción.

## La diabetes y su dieta

En términos sencillos, la diabetes es un trastorno en el que las concentraciones del azúcar de la sangre se elevan de modo anormal. Esta enfermedad se centra en la insulina de las hormonas, y en la forma en que el cuerpo metaboliza los alimentos.

Comer implica una serie complicada de eventos. Conforme el alimento pasa de la boca al estómago y a los intestinos, se descompone sistemáticamente, y se liberan carbohidratos, proteínas y grasas. Cuando el azúcar entra al flujo sanguíneo en forma de glucosa, el nivel de azúcar en la sangre se eleva. En ese momento, el páncreas secreta la insulina que transporta el azúcar de la sangre a las células. Ahí puede ser usada como energía, pero cuando alguien tiene diabetes, el páncreas no produce suficiente insulina para procesar el azúcar de la dieta, o las células no responden a la insulina. Como resultado, el azúcar permanece en la sangre en lugar de entrar en las células, y éstas sufren por falta de energía. La gente que no controla su diabetes siempre tiene niveles elevados de azúcar en la sangre. Con el transcurso del tiempo, esto puede conducir a complicaciones serias.

El noventa por ciento de las personas que se vuelven diabéticos, desarrollan la enfermedad durante la edad adulta, normalmente después de los 40 años. La mayoría tiene sobrepeso, consume dietas con alto contenido en grasas y alimentos refinados y además lleva una vida sedentaria. Las buenas noticias son que frecuentemente todo lo que se necesita son cambios positivos en la nutrición y ejercicio para controlar la diabetes. Las siguientes secciones describen cómo diversos nutrientes influyen a la diabetes, y qué puede hacer usted para que estos mismos sean aprovechados.

## Azúcar, ¿sólo un carbohidrato más?

El cambio alimenticio más obvio en que piensan las personas al planear una dieta para diabéticos es eliminar el azúcar. En realidad, ésta se eliminó de las dietas para diabéticos desde hace mucho tiempo, y en su lugar se recomendaron los carbohidratos complejos, como los granos enteros. Este lineamiento se replanteó hace poco ya que las investigaciones demostraron que la mayoría de los diabéticos pueden incluir un poco de azúcar en sus dietas.

¿Cuál es la cantidad aceptable de azúcar? Para la población en general, no se recomienda más del 10 por ciento de consumo de calorías de azúcares refinados simples como el azúcar de mesa. Esto significa que si una persona necesita 2000 calorías al día, debe limitar su consumo de azúcar a 50 gr, más o menos doce y media cucharaditas al día, aunque lo mejor es ingerir menos de esto. Para los diabéticos se recomienda la mitad de esta cantidad, seis cucharaditas al día. No obstante, debe consultar con su médico la cantidad exacta de azúcar aceptable en su dieta.

Cuando una dieta para diabéticos incluye azúcar o postres que contienen azúcar, es vital sustituirla por otros carbohidratos y no sólo agregarla al plan alimenticio. ¿Por qué? Las cantidades y tipos de alimentos preescritos por su nutriólogo o médico, se relacionan con el mantenerse en su peso o los objetivos para perder peso, y con cualquier medicamento que esté utilizando como inyecciones de insulina o píldoras para diabetes. Comer en exceso cualquier alimento de los preescritos en su plan alimenticio puede elevar el azúcar en la sangre y ocasionar un aumento de peso.

Recuerde que a pesar de que el azúcar ha sido aceptada en la diabetes, es prudente que su consumo sea mínimo. Después de todo, sigue siendo un nutriente pobre como alimento. Si se consume en exceso, de hecho, puede expulsar de su cuerpo a las vitaminas B, el cromo, y otros nutrientes importantes necesarios para metabolizar carbohidratos. Demasiada azúcar también puede elevar los niveles de colesterol y triglicéridos en la sangre, lo que ya es un problema para la mayoría de los diabéticos. Claro está que la mayor parte de los alimentos dulces no sólo contienen azúcar, las grasas y harinas refinadas por lo general son otros ingredientes preponderantes. Estos alimentos no deben incluirse en ninguna dieta.

Para su conveniencia, las recetas de este libro incluyen una "lista de cambios diabéticos" para que usted pueda elaborar los alimentos en sus propios planes alimenticios. Asimismo, cuenta con información sobre calorías, carbohidratos y otros nutrientes para las personas que usan otras técnicas de planeación de comida para diabéticos, como el conteo de carbohidratos.

Se incluyen ingredientes saludables como harinas integrales, avena, frutas, germen de trigo y productos lácteos bajos en o sin grasa. Éstos contienen de 25 a 75 por ciento menos azúcar que las recetas tradicionales. Para reducir la necesidad de azúcar, se usaron jugos, purés de fruta y frutas secas; condimentos y especias como vainilla, nuez moscada, canela y cáscara de naranja, así como granos ligeramente dulces como harina o salvado de avena, avena de cocción rápida y harina de trigo integral para pasteles.

## La función de las grasas

El problema más grande en las dietas de la mayoría de las personas es el exceso de grasas, y lo mismo le sucede a los diabéticos. Las dietas con mucha grasa por lo general son bajos en nutrientes y fibra. También son la principal causa de obesidad, y como ésta es un factor de alto riesgo para el desarrollo de la diabetes tipo 2, es importante que estos enfermos controlen la grasa.

¿Cómo estimula la obesidad una dieta alta en grasas? La grasa es una fuente concentrada de calorías, ya que tiene más del doble de calorías de carbohidratos o proteínas. Compare una taza de harina (casi puro carbohidrato) con una taza de mantequilla o margarina (casi pura grasa), la harina tiene 400 calorías, la mantequilla tiene 1600. Es fácil ver de dónde proviene la mayor parte de las calorías.

Además de tener un alto contenido de calorías, cuando se consume en exceso la grasa fácilmente se convierte en grasa corporal. Al ingerir en exceso alimentos ricos en carbohidratos, también se almacenan como grasa, pero antes deben convertirse en grasa, proceso que quema parte de los carbohidratos. Aquí el punto es que una dieta alta en grasas ocasionará un 20 por ciento de aumento en el peso que una dieta alta en carbohidratos, aun cuando ambas contengan el mismo número de calorías. Así, una dieta alta en grasa es una navaja de doble filo para la persona consciente de su peso; es alta en calorías, y también lo es en el tipo de nutrientes que se almacenan con mayor rapidez, como la grasa corporal.

Para el diabético, una dieta alta en grasa representa una amenaza mucho mayor para su peso. La diabetes afecta la forma en que el cuerpo metaboliza la grasa, ocasionando que se acumule más grasa y colesterol en la sangre de lo que acumularía una persona sana. Esto explica por qué la diabetes se considera un factor de riesgo para los cardiacos.

¿Cuánta grasa debe comer un diabético? Para la población en general, se recomienda que las calorías de grasa no sean más del 30 por ciento de la dieta, lo mejor es de un 20 a un 25 por ciento. Estos mismos lineamientos son aplicables a la mayoría de los diabéticos.

Desde luego que estas personas de hecho llevan un registro de sus grasas usando uno de dos métodos. Las que usan "listas de cambio para la planeación de sus comidas" tienen permitido cierto número de cambios de grasa por día. Un cambio de grasa, equivalente a 5 gramos, incluye una cucharadita de mantequilla, margarina o mayonesa, o mayonesa baja en grasas; o una cucharadita de nueces o semillas. También pueden cambiarse los alimentos con contenido de grasa, como los productos lácteos, carnes y productos horneados. Cuando las personas usan el otro método, que es el de conteo de carbohidratos para supervisar su dieta, entonces cuentan los gramos de grasa, junto con las calorías y los carbohidratos. Su nutriólogo o médico debe determinar los gramos de grasa o cambios de grasa permitidos según los objetivos de control de peso y el nivel de azúcar, colesterol y triglicéridos en la sangre.

## La función de la fibra

La fibra alimenticia, antes conocida como forraje, es un tipo de carbohidrato complejo que se encuentra en los alimentos de plantas no refinadas como granos enteros, harinas integrales, frutas, vegetales y legumbres (semillas deshidratadas). Debido a que la fibra es resistente a la digestión, pasa a través del cuerpo sin cambio alguno. ¿Esto significa que la fibra tiene poco efecto en el cuerpo?, no del todo. Conforme la fibra recorre el cuerpo, tiene un impacto tremendo, y como verá, la fibra puede ser una verdadera dicha para el diabético.

Existen dos clases de fibra alimenticia: la insoluble y la soluble. Cada tipo ofrece beneficios únicos en la salud.

La fibra insoluble, que comprende las estructuras ásperas fibrosas de la planta, no se disuelve en agua. Por lo tanto la fibra insoluble actúa en los intestinos como una esponja que absorbe el agua y conserva suave el contenido del intestino. Así, la fibra insoluble evita la constipación y la diverticulosis. Además empuja los desechos y carcinógenos con rapidez a través del colon, manteniéndolo limpio y sin enfermedades.

Por otro lado, la fibra soluble se disuelve muy rápido en el agua. Aunque esta fibra tiene poco efecto sobre el colon, es importante para el diabético ya que le ayuda a estabilizar el nivel de azúcar en la sangre. La fibra soluble vuelve lenta la digestión y retrasa el aumento de azúcar en la sangre después de una comida. También ayuda a proteger contra las enfermedades cardiacas, que son un gran riesgo para los diabéticos. La fibra soluble reduce los niveles de colesterol en la sangre mezclando los ácidos biliares con las materias primas que conforman el colesterol. Cuando los ácidos biliares se desechan del cuerpo junto con la fibra, se tiene menos material disponible para que el cuerpo fabrique el colesterol, ocasionando así que bajen las concentraciones de colesterol en la sangre.

¿Cuidando su peso? La fibra, así como la grasa, proporciona una sensación de llenura. Por eso, en un plan alimenticio bajo en grasas la fibra es primordial. Cualquier dietista le puede decir que una dieta baja en grasas contiene principalmente alimentos refinados bajos en fibra que le dejarán con una sensación de hambre. Sin embargo, un plan bajo en grasas pero con alto contenido de fibra, le dará la sensación de estar lleno y satisfecho. Asimismo, el hecho de que los alimentos fibrosos requieran masticarse más y tomen mayor tiempo para digerirse también los hace más satisfactorios.

¿Cuánta fibra es suficiente para una buena salud? Para la población en general, se recomienda una cantidad de 25 a 35 gramos por día. Algunos planes alimenticios para diabéticos pueden incluir hasta 50 gramos. Los individuos que no están acostumbrados a comer alimentos con alto contenido de fibra deben incluirlos poco a poco en sus dietas y beber mucha agua. Algunos pueden sentir inflamación y gases cuando empiezan un régimen con alto contenido en fibra, pero pasará en unas cuantas semanas en cuanto el cuerpo se acostumbre a los alimentos enteros y naturales.

Por fortuna, cuando se elaboran bien, los postres de frutas, pays, pasteles, galletas y panes pueden ser una buena fuente de fibra. ¿Cómo puede elevarse el contenido de fibra en estas delicias? Una forma de hacerlo es cambiar en la receta parte o toda la harina refinada por una harina integral. Con el fin de demostrarle la gran diferencia que representa este pequeño cambio, vea la siguiente tabla, lo cual le permitirá comparar el contenido de fibra de varias harinas integrales con la refinada.

Las recetas de este libro están diseñadas para maximizar la fibra, sin sacrificar el sabor. Muchas recetas incluyen ingredientes como harina de trigo integral y germen de trigo, que son ricos en fibra insoluble. En otras, la avena, el salvado y la harina de avena proporcionan fibra soluble. Los purés de fruta y las frutas secas proporcionan tanto fibra soluble como insoluble, al igual que reducen la necesidad de grasas.

Los beneficios de los planes alimenticios con alto contenido de fibra y bajos en grasas.

El valor de una dieta baja en grasas y rica en fibras para el tratamiento de la diabetes se vuelve evidente a principios de los setenta, cuando el doctor James

Anderson de la Universidad de Kentucky desarrolló la dieta con alto contenido en carbohidratos y fibra (HCF high-carboydrate-fiber). Este plan alimenticio bajo en grasa, que deriva sólo 10 a 15 por ciento de las calorías de las grasas, se centran en los alimentos con carbohidratos complejos y ricos en fibra, como granos enteros, legumbres, vegetales y frutas. También se incluyen carnes magras y productos lácteos bajos en grasa, mientras que se evitan las grasas de mesa y de cocimiento. Una variación muy utilizada en esta dieta es el plan alimenticio de alto mantenimiento en fibra (HFM high-fiber-maintenance). Es similar a la dieta HCF, pero permite un poco más de grasa, de 20 a 25 por ciento del total de calorías.

Los planes alimenticios con mucha fibra y poca grasa funcionan a la perfección en muchos diabéticos. Se ha demostrado que ayudan a perder peso y bajar los niveles de azúcar, colesterol y triglicéridos en la sangre. Incluso reducen o eliminan la necesidad de inyecciones de insulina y píldoras para diabetes.

¿Cómo funcionan las dietas HCF? El éxito del plan alimenticio es combinar una variedad de factores. Por ejemplo, los alimentos de fibra entera como granos enteros, legumbres, vegetales y frutas, son ricos en nutrientes como el magnesio, cromo y zinc, nutrientes que se procesan en los alimentos refinados; estos nutrientes ayudan a que el cuerpo metabolice los carbohidratos. Y, como ya se mencionó, la fibra soluble ayuda a estabilizar el nivel de azúcar en la sangre, mientras que la gran cantidad de fibra y el poco contenido de grasa estimulan la pérdida de peso.

¿Las dietas bajas en grasa son adecuadas para todos los diabéticos? No. Cuando un diabético tiene elevados el colesterol y los triglicéridos en la sangre, puede no ser suficiente un plan alimenticio bajo en grasas y con alto contenido de carbohidratos. Además, es probable que personas con ciertas enfermedades intestinales no toleren un régimen alto en fibra y bajo en grasas. Para las personas que no pueden seguir la dieta HCF, puede prescribirse una dieta de contenido moderado a alto de grasas, una que obtenga 30 a 40 por ciento de las calorías de la grasa. Dicho régimen anula las grasas saturadas que obstruyen las arterias, y en su lugar usa grasas monoinsaturadas como el aceite de oliva, aceite de canola, nueces y aguacates. Recuerde que aunque las grasas monoinsaturadas son saludables para el corazón, contienen tantas calorías como las demás. Así que quienes tienden a subir de peso con suma facilidad deben tener mucho cuidado cuando sigan este tipo de plan.

Debido a que todos tenemos diferentes necesidades, su médico o nutriólogo estructurará para usted un plan alimenticio acorde a sus necesidades de calorías y los objetivos del tratamiento. Si sigue un plan bajo en grasas y alto en fibra, las recetas de este libro le ayudarán a alcanzar sus metas. Si su plan alimenticio le permite más grasa, será tan sencillo como agregar un poco de grasa a cada alimento. Sólo evite las grasas saturadas y alimentos ricos en grasas monoinsaturadas.

## Vitaminas y minerales

Se conocen más de 40 nutrientes esenciales para una salud adecuada, y cada vez se descubren más. Varios de estos merecen una mención especial debido a que son importantes en el control del azúcar en la sangre. Debido a que muchas personas llevan dietas procesadas muy refinadas, no obtienen suficientes nutrientes que son de gran importancia. Una dieta saludable, bien balanceada, es la primer línea de defensa contra las deficiencias alimenticias. Su médico o nutriólogo también puede recomendarle suplementos como parte de su tratamiento.

**Cromo**: Trabaja con la insulina para transportar la glucosa de la sangre a las células. Cuando alguien carece de cromo, la insulina no funciona correctamente y sube el nivel de azúcar en la sangre.

La ingestión diaria recomendada de cromo es de 50 a 200 microgramos. Se cree que el 90 por ciento de los americanos ingieren menos del consumo mínimo recomendado. ¿Por qué hace tanta falta el cromo en la dieta? Los alimentos sin procesar, ricos en carbohidratos como los granos enteros y la melaza, suministran en forma natural el cromo necesario para metabolizar estos alimentos; al refinarlos, se elimina el cromo.

¿Cómo sabe usted si le hace falta cromo? Por desgracia no hay una prueba de laboratorio que pueda determinarlo con facilidad, pero si observa sus hábitos alimenticios se dará cuenta de su ingestión de cromo. ¿Come granos refinados como arroz blanco, pan blanco y otros productos hechos de harina refinada en lugar de productos integrales? ¿Come con frecuencia alimentos azucarados? Si la respuesta a estas preguntas es "sí", tiene una deficiencia de cromo. Si come granos y azúcares refinados debe pedir prestado cromo del almacén de su cuerpo para descomponer estos alimentos. Cuando las existencias se agotan en el cuerpo, la insulina ya no trabaja de manera eficiente y sube el nivel de azúcar en la sangre.

Las recetas de este libro contienen, en lo posible, ingredientes como harinas integrales, avena, salvado y germen de trigo. Con el uso de estos alimentos enteros y al limitar el azúcar, podrá mantener intacta la provisión de cromo. Para asegurar en forma adicional un buen suministro de cromo, procure incluir en su dieta alimentos ricos en cromo como melazas, levadura de cerveza, cerezas, nueces, hongos, mariscos y pescados y hongos.

**Magnesio**: Este mineral juega un papel importante en la liberación de insulina por el páncreas, y es necesario para la descomposición de la glucosa en el cuerpo. Por lo tanto, una deficiencia de magnesio puede contribuir a elevar los niveles de azúcar en la sangre. El magnesio también protege contra enfermedades cardiacas y presión alta, que a menudo va de la mano con la diabetes.

Por desgracia, los diabéticos tienen un mayor riesgo de deficiencia de magnesio, debido a que, quienes no pueden controlar el azúcar en la sangre pierden una cantidad mayor de magnesio cuando orinan. De hecho, los investigadores calculan que 25 por ciento de los diabéticos tienen deficiencia de magnesio. Ciertos diuréticos, ingeridos por muchos diabéticos también ocasionan pérdida de magnesio.

Para colmo, muchas personas no consumen suficiente magnesio. Éste, al igual que el cromo, se procesa a partir de los alimentos. Una dieta saludable y balanceada de alimentos enteros puede ayudarle a asegurar la obtención de este importante mineral. Fuentes adecuadas de magnesio son los granos enteros, cereales de salvado, nueces y semillas, plátanos, legumbres y vegetales verdes.

**Zinc**: Debido a que la insulina se almacena en cristales de zinc en el páncreas, éste tiene una función importante en el control del nivel de azúcar en la sangre. El zinc además, participa en muchos aspectos del metabolismo de los carbohidratos. Para tener un sistema saludable e inmune, así como que las heridas cicatricen bien, es esencial que la condición del zinc sea buena, lo cual es importante para los diabéticos ya que cicatrizan lentamente.

El zinc también se elimina en la orina como resultado de ciertos diuréticos y, al igual que el magnesio y el cromo, se pierde al refinar los granos. Una dieta saludable con alimentos enteros le brindará el zinc necesario para una buena salud, al mismo tiempo que le proporcionará otros nutrientes valiosos. Las fuentes más ricas de este mineral son mariscos y pescados (en especial las ostras), carnes magras, granos enteros y legumbres.

**Antioxidantes;** Los antioxidantes incluyen las vitaminas E y C, los carotenoides como el beta caroteno, licopena, luteína, alfa caroteno y muchos otros. Además, los minerales como selenio, cobre y zinc son esenciales en la producción de algunas enzimas que funcionan como antioxidantes.

Los antioxidantes son de especial importancia para los diabéticos, ya que suprimen los destructivos radicales libres, que pueden promover las complicaciones diabéticas como enfermedades del corazón y vasculares. Pero, así como los nutrientes, los antioxidantes no se incluyen mucho en las dietas. ¿Por qué? La vitamina E, como muchos otros nutrientes, se elabora a partir de los alimentos; además las personas que consumen grandes cantidades de grasas polinsaturadas como aceites refinados vegetales, margarina y mayonesa, requieren más de este nutriente. Una dieta rica en granos enteros y con cantidades moderadas de nueces, semillas y germen de trigo ayuda a proporcionar vitamina E, antioxidante y nutriente, y los minerales como selenio, cobre y zinc, que son esenciales para la producción de enzimas antioxidantes.

Con respecto a la vitamina C y los carotenoides, las frutas frescas y los vegetales son la mejor fuente de estos nutrientes. Por desgracia, la mayoría de la gente sólo come la mitad de las cinco o más porciones recomendadas al día.

Como se puede observar el azúcar no sólo es el factor más importante al planear una dieta para diabéticos; las grasas, la fibra y muchos otros nutrientes también cuentan en el control de la diabetes. El resto de esta sección le hará conocer ingredientes saludables que le ayudarán a eliminar el azúcar y las grasas de su dieta y maximizar la fibra, vitaminas y minerales.

# Acerca de los ingredientes

Las recetas de este libro le permitirán preparar platillos atractivos que no sólo son deliciosos sino que funcionarán en su plan alimenticio. En las siguientes páginas veremos qué granos, harinas, endulzantes y otros ingredientes saludables pueden ayudarle a hacer un sueño de casi cualquier postre.

## Productos lácteos sin y bajos en grasa

Se puede obtener una amplia variedad de productos lácteos bajos en y sin grasa, que permiten la creación de ricos pasteles de queso, parfaits, pudines y rellenos de postres. A continuación se presentan algunos productos lácteos que se emplean a lo largo de este libro.

**Jocoque:** El jocoque da un rico sabor y textura a los alimentos horneados como bisquets, bizcochos, pasteles, así como un sabor "a queso" a los pasteles de queso. Este producto derivado de la mantequilla, tal vez debiera llamarse "sin mantequilla". Casi todas las marcas de jocoque contienen de 0.5 a 2 por ciento de grasa por peso, aunque algunas contienen hasta 3.5 por ciento de grasa. Elija productos que no contengan más de 1 por ciento de grasa de leche.

Si no tiene jocoque a la mano puede preparar un buen sustituto mezclando partes iguales de yoghurt sin grasa y leche descremada. Otra opción es agregar a una cucharadita de vinagre o jugo de limón una taza de leche descremada. Deje reposar la mezcla durante cinco minutos antes de usarla.

**Queso crema:** El queso crema normal de grasa entera contiene 10 gramos de grasa por onza, lo que hace de este popular alimento untable una amenaza si pretende reducir la grasa de su dieta. Una opción sabrosa es el queso crema "ligth", que sólo tiene cinco gramos de grasa por onza. Otra alternativa es el queso Neufchâtel, que contiene seis gramos de grasa por onza. Y, por supuesto, el queso crema sin grasa. Al igual que el queso crema "ligth" y el Neufchâtel, puede usar el queso crema sin grasa en pasteles, merengues y rellenos para postre.

Cuando prepare pasteles de queso, recuerde que el queso crema sin grasa, especialmente el que viene en tubo suave, tiene un mayor contenido de humedad que las marcas bajas en grasa o de grasa entera. Por esta razón, los pasteles de queso hechos con queso sin grasa pueden tener una textura acuosa. Puede evitar este problema si usa queso crema sin grasa tipo barra, y agrega una cucharadita de harina por cada taza de queso crema sin grasa que utilice.

**Leche evaporada descremada:** Este ingrediente puede sustituir la crema en natillas, pudines y otros platillos, pues este ingrediente da una deliciosa cremosidad y muchos nutrientes pero sin grasa.

**Leche:** La leche entera con mayor contenido de grasa, es de 3.5 por ciento de grasa sobre su peso y tiene 8 gramos de grasa por taza. En su lugar elija leche descremada, que sólo tiene 0.5 gramos de grasa por taza. Una buena opción es la leche con 1 por ciento que, como lo dice su nombre, tiene el 1 por ciento de grasa sobre su peso y contiene 2 gramos de grasa por taza.

**Leche sin grasa deshidratada:** Al igual que la leche evaporada descremada, la leche sin grasa en polvo da una textura cremosa a las natillas y pudines, al mismo tiempo que aumenta el valor nutritivo. Una taza de leche descremada combinada con un tercio de taza de leche en polvo sin grasa puede sustituir a la crema en la mayoría de las recetas. Este ingrediente además se puede incluir en galletas bajas en grasa y azúcar, así como en los brownies para mejorar el sabor y el dorado. Asegúrese de usar leche en polvo instantánea sin grasa para que la pueda mezclar con mayor facilidad.

**Queso ricotta:** El ricotta es un queso suave, un poco dulce y cremoso, que puede usarse en pasteles de queso, merengues y rellenos de postre. El queso ricotta bajo en grasa y "ligth" tiene de 1 a 3 gramos de grasa por onza mientras que el ricotta de leche entera tiene 4 gramos de grasa por onza.

**Requesón de rancho:** Este queso suave y blanco es un buen sustituto, bajo en grasa, del queso crema. Los quesos hechos con leche descremada tienen 3 gramos de grasa por onza comparados con los 10 gramos del queso crema. El requesón puede usarse en pasteles de queso, merengues y rellenos. Algunas veces lo hacen con leche entera, así que lea la etiqueta antes de comprarlo.

**Crema agria:** Las personas conscientes de las calorías y las grasas, saben que la crema agria de grasa entera puede contener hasta 500 calorías y 48 gramos de grasa por taza. Use crema agria sin grasa, y se ahorrará 320 calorías y 48 gramos de grasa. Este producto de leche sin grasa cultivada, adelgazada con gomas vegetales, sustituye de manera maravillosa a su contraparte grasosa en cualquier platillo. En alimentos horneados, puede sustituir la crema agria con yoghurt natural sin grasa.

**Yoghurt:** El yoghurt da una textura cremosa y sabor agradable a los alimentos horneados. Para su cocción baja en grasas, seleccione productos que contengan 1 por ciento o menos de grasa de leche.

Los yoghurts sin azúcar, saborizantes y grasa son especialmente versátiles en la cocina para diabéticos. Intente mezclar partes iguales de yoghurt de vainilla, o su sabor favorito, con ligera crema batida para hacer un merengue o relleno cremoso para pastel. Puede usar yoghurt sin azúcar en "parfaits", pudines y otros postres que no requieren cocimiento.

**Queso de yoghurt:** Un buen sustituto para el queso crema en pasteles de queso, merengues y rellenos, es el queso de yoghurt que puede hacer en casa con cualquier marca de yoghurt natural o de sabor que no contenga grenetina. Sólo coloque el yoghurt en un embudo cubierto con una tela ordinaria o un filtro para café y déjelo drenar en un frasco en el refrigerador durante 8 horas o toda la noche. El yoghurt estará listo para usarse cuando se reduzca a la mitad. El suero que reunió en el frasco lo puede usar en lugar del líquido en las recetas de panes y bizcochos.

## Mantequilla, margarina y sustitutos de grasa:

A la mayoría de las personas les sorprende saber que la mantequilla, la margarina y el aceite, contribuyen con más calorías que el azúcar en los postres, y que las recetas sin azúcar por lo general contienen tanto o más grasa que las recetas tradicionales. ¿La razón?, es casi imposible eliminar tanto el azúcar como la grasa de las recetas para postres y conservar un sabor y una consistencia atractivos. De hecho, el exceso de grasa se puede utilizar para compensar la pérdida de textura y sabor que ocurre al eliminar el azúcar.

Ahora que se permite un poco de azúcar en los planes alimenticios para diabéticos, se puede reducir o eliminar la grasa de muchas recetas y disfrutar postres más saludables que todavía contienen algo de azúcar. Muchas recetas de este libro no contienen grasa, más bien, para suavizar los alimentos horneados se usaron sustitutos de grasa como salsa de manzana, purés o jugos de fruta, manteca de leche y yoghurt. Algunas recetas de este libro también usan margarina baja en grasa o mantequilla ligera en lugar de sus contrapartes con grasa entera. Aprendamos un poco más acerca de estos productos que evitan las grasas.

**Margarina baja en grasa**: Contrario a la creencia popular, usted puede hornear con margarina baja en grasa. Sustituir la margarina o mantequilla normal con un producto bajo en grasa puede reducir la grasa hasta en un 55 por ciento sin afectar el sabor ni la textura. Debido a que los productos bajos en grasa se diluyen en agua, no pueden sustituirse por sus contrapartes de grasa entera en una base de uno a uno. Si desea reducir la grasa de sus alimentos favoritos horneados, sustituya la cantidad indicada de mantequilla o margarina por la mitad de la margarina baja en grasa. Por ejemplo, si una receta de galletas pide una taza de margarina use 1/2 taza de una margarina baja en grasa. Para mejores resultados, use un producto que contenga de 5 a 6 gramos de grasa por cucharada (las margarinas de grasa entera contienen de 10 a 11 gramos de grasa por cucharadita). Los productos con menos grasa que ésta no son adecuados para la mayoría de los platillos horneados.

**Mantequilla ligera:** Al igual que la margarina baja en grasa, la mantequilla ligera se disuelve en agua. Este producto puede sustituir a la mantequilla normal para hornear utilizando los mismos lineamientos que se usan para la margarina baja en grasa. Cuando hornee, asegúrese de no confundir con la mantequilla ligera, la mantequilla batida, que es aquella que se batió con aire.

**Aceite:** El aceite es grasa pura, todos contienen 13 gramos de grasa por cucharadita. Por lo mismo, el aceite, al igual que otras grasas, sólo deben usarse en pequeñas cantidades. Algunas recetas de este libro contienen muy poca cantidad de aceite.

Para hornear, utilice aceite de maíz sin refinar. A diferencia de los aceites refinados y sin sabor que se venden en las tiendas de abarrotes, este aceite de maíz tiene un delicioso sabor a mantequilla y retiene mucho del valor nutritivo del maíz. Un poco de aceite le da un sabor maravilloso a su receta. Otra opción para hornear es el aceite de canola, que también puede conseguirse sin ningún problema en las tiendas de abarrotes. Sin embargo, recuerde que el aceite de canola no le dará sabor a su receta.

Los aceites sin refinar se encuentran en las tiendas naturistas y algunas tiendas de abarrotes. Al usar estos productos recuerde que si los guarda a temperatura ambiente pronto se volverán rancios, por esta razón es prudente adquirirlos en botellas pequeñas (de cualquier manera no usará mucho de este aceite) y guardarlo en el refrigerador después de abrir la botella.

**Sustitutos de grasa**: Casi cualquier ingrediente húmedo puede sustituir parte o toda la grasa de pasteles, galletas, brownies, panes y otros alimentos horneados. Las recetas de este libro usan una variedad de sustitutos de grasa. La salsa de manzana, purés y jugos de fruta, mantequilla sin grasa y yoghurt sin grasa se pueden conseguir sin problema en la mayoría de las tiendas de abarrotes.

**Claras de huevo y sustitutos de huevo**: Toda persona que hornea sabe que el huevo es indispensable en una gran variedad de productos horneados, desde panes hasta pasteles y galletas. Desde luego que tiene mucho colesterol y un poco de grasa. Por eso las recetas de este libro mencionan claras de huevo o sustitutos de huevo sin grasa. ¿Qué tanto se evitan el colesterol y la grasa cuando se sustituyen los huevos enteros por uno de estos ingredientes? Un huevo grande contiene 80 calorías, 5 gramos de grasa, y 210 miligramos de colesterol. La cantidad equivalente a la clara de huevo y el sustituto de huevo sin grasa, 3 cucharaditas, es de 20 a 30 calorías, y no contiene grasa ni colesterol. Los beneficios de estos ingredientes sustitutos son claros.

Usted puede preguntarse por qué algunas de estas recetas piden claras de huevo mientras que otras piden el sustituto de huevo. En algunos casos, un ingrediente funciona mejor que el otro. Por ejemplo, el sustituto de huevo es la mejor elección cuando se preparan pudines y panes. Por otro lado, cuando las recetas requieren claras batidas, los sustitutos de huevo no sirven.

Se pueden usar claras de huevo y sustitutos en la mayoría de las recetas. Sin embargo, en ocasiones se le pedirá uno u otro debido a la facilidad para medirlo. Por ejemplo, en un pastel pueden pedirse 3 cucharaditas de sustituto de huevo sin grasa, que equivalen a 3 cucharaditas de clara de huevo, pero para éstas se requerirían 1 y 1/2 huevos, lo que sería muy latoso de medir.

Siempre que una receta incluye claras de huevo, es mejor que éstas sean grandes. Al seleccionar un sustituto de huevo fíjese que no contenga grasas, ya que algunos sustitutos de huevo contienen aceite vegetal. Al reemplazar las claras de huevo por un sustituto, o los huevos enteros por las claras, nada más, o por un sustituto, use los siguientes lineamientos:

1 huevo grande = 1 y 1/2 claras de huevo grande.
1 huevo grande = 3 cucharadas de sustituto de huevo
1 clara de huevo grande = 2 cucharadas de sustituto de huevo.

## Granos y harinas

Sólo porque un alimento es bajo o no contiene grasa, no significa que sea bueno para usted. Los productos sin grasa hechos de harina refinada ofrecen pocos nutrientes y de hecho pueden reducir los nutrientes almacenados si se comen en exceso. Por otro lado, los granos enteros y las harinas integrales contienen una variedad de nutrientes como la vitamina E, zinc, magnesio y cromo, nutrientes que de hecho pueden ayudar a que su cuerpo metabolice mejor el azúcar en la dieta.

Por fortuna, una vez que se acostumbra al sabor y a la textura fuertes de los granos enteros, la mayoría de las personas los prefieren sobre los granos refinados y sin sabor. A continuación se presenta la descripción de un producto de grano entero que se usa en estas recetas. Muchos de ellos se pueden conseguir fácilmente en las tiendas de abarrotes, mientras otros pueden encontrarse en tiendas naturistas y especializadas.

**Harina de cebada:** Esta harina se hace de semillas de cebada trituradas, es rica en fibra soluble y baja en colesterol. Con un ligero sabor dulce, la harina de cebada agrega a los productos horneados una textura parecida a la del pastel, y puede usarse sin distinción con la harina de avena en cualquier receta.

**Harina de pan:** Diseñada especialmente para panes con levadura, esta harina se hace con harina de trigo alta en gluten y con acondicionadores de masa, ya que hacen que las pastas con levaduras se esponjen mejor.

**Harina de arroz integral:** Esta harina es de arroz integral finamente molido. Tiene una textura similar a la harina de maíz, y agrega un sabor ligeramente suave a los alimentos horneados. Úsela en galletas, para darles una textura crujiente y doradita.

**Harina de maíz:** Este grano agrega un sabor dulce, un color dorado y una textura crujiente a los alimentos horneados. Seleccione harina de maíz integral (sin cernir) para obtener mejor nutrición. En contraste, la harina de maíz cernida es casi grano entero y la harina de germen de maíz es refinada.

**Salvado de avena:** Hecho de la parte exterior de la semilla de la avena, el salvado de avena tiene un sabor dulce, suave y es una fuente concentrada de fibra soluble reductora de colesterol. El salvado de avena ayuda a retener la humedad de los alimentos horneados, haciéndolo natural para el horneado bajo en y sin grasa. Busque en la sección de cereales de preparación caliente de su tienda de abarrotes y elija los productos más suaves y los más finamente molidos como *Quaker Oat Bran*. El salvado de avena de grano grueso es excelente para un buen cereal caliente pero no es la mejor elección para hornear.

**Harinas de avena.** Esta harina suave y dulce es perfecta para los panes, bizcochos y otros productos horneados. Al igual que el salvado de avena, retiene la humedad en estos productos y reduce la necesidad de grasas. Para agregar fibra extra y nutrientes a sus recetas, cambie una tercera parte de la harina de trigo refinada por la de avena. La puede encontrar en tiendas naturistas y de abarrotes, la harina de avena también puede ser hecha en casa moliendo en la licuadora avena entera de rápida cocción.

**Avena.** La avena tiene fibra soluble y ayuda a reducir el colesterol, agrega además una textura chiclosa y un sabor dulce a los panes, galletas y cubiertas de migajas. Es deliciosa con cereales en el desayuno y otros platillos. Las recetas usan granos de avena de rápida cocción. (Busque avena de 1 minuto de cocción)

**Harina sin blanquear:** Ésta es una harina blanca refinada que no se sometió a un proceso de blanqueamiento. Esta harina sin blanquear, carece de cantidades significativas de nutrientes en comparación con la harina integral, pero contiene más vitamina E que la harina blanqueada.

La puede conseguir en supermercados y es una harina multiusos que puede usarse en una variedad de recetas de repostería, incluso cualquier receta de este libro que pida harina sin blanquear. Si encuentra *harina sin blanquear para pasteles,* tendrá mejores resultados en las recetas de pasteles, bases para pays, galletas, panes rápidos y bizcochos, aunque necesitará sustituirla por harina normal. Esta harina sin blanquear para pasteles se hace de trigo más blando (con menos proteína) y produce una textura más fina y suave en los productos de repostería que la harina normal. Por desgracia esta harina para pasteles no es fácil encontrar.

Habrá observado que muchas recetas bajas en y sin grasas incluyen harina para pasteles, que es una harina finamente molida con poca proteína y fácil de conseguir. Aunque la harina para pasteles funciona muy bien en la repostería, es un producto muy refinado que se blanquea con gas de cloruro, por eso no se usa en estas recetas.

**Harina de trigo entero**: Hecha con semillas molidas de granos de trigo entero molidos, esta harina incluye el salvado y el germen que son ricos en nutrientes. Con respecto al valor nutritivo, esta harina es muy superior a la refinada. Por desgracia muchas personas crecen comiendo productos horneados refinados y encuentran que los productos integrales tienen un sabor muy fuerte. Para aprender a disfrutar las harinas integrales, use en las recetas una parte de harina de trigo integral y por otra de harina sin blanquear; aumente poco a poco la cantidad de trigo integral.

Cuando en las recetas de pasteles, galletas, bases para pay, pan rápido y otros postres se pide harina de trigo integral, la *harina de trigo entero para pasteles,* también llamada *harina de grano entero para pasteles,* funciona mejor. Con la harina de trigo integral para pasteles se preparan productos horneados más ligeros, con textura mucho más suave que la harina de trigo integral regular, ya que está hecha de un trigo más suave (con menos proteína) y su grano es más fino. Además, la harina de trigo integral para pasteles es más ligera, tiene un sabor más dulce y por eso es una elección natural para postres con bajo contenido en azúcar. Búsquela en tiendas naturistas y de abarrotes.

La *harina blanca de trigo integral* es otra buena opción cuando usted hornea pasteles incluyendo panes con levadura. Hecha de trigo duro blanco, en lugar del trigo duro rojo, que se usa para la harina de trigo integral regular, la harina blanca de trigo integral es más dulce y de sabor más suave que su contraparte de trigo rojo. Esta harina puede conseguirse en muchas tiendas de abarrotes.

Como puede ver, hay una gran variedad de harinas disponibles para repostería. Experimente con varias de ellas para ver cuál le gusta más. A continuación le damos algunas indicaciones que le permitirán sustituir varias harinas por harinas de trigo refinadas en sus recetas favoritas:

- 1 taza de harina refinada de trigo es igual a:
- 1 taza de harina sin blanquear
- 1 taza más 2 cucharaditas de harina sin blanquear para pasteles
- 1 taza más 2 cucharaditas de harina para pasteles
- 1 taza de harina de trigo integral para pasteles
- 1 taza menos 1 cucharadita de harina de trigo integral
- 1 taza menos 2 cucharaditas de harina de trigo integral regular
- 1 taza menos 2 cucharaditas de harina de arroz integral

- 1 taza de harina de cebada
- 1 taza de harina de avena

## Endulzantes calóricos tradicionales

Quien haya intentado eliminar el azúcar de las galletas, pasteles, panes, o bollos, sabe el valor del azúcar en los productos horneados. El azúcar da suavidad y ligereza a estos productos y mejora el dorado durante el horneado. Los productos horneados que se hacen sin azúcar son ásperos, su textura es dura y no se doran de forma correcta.

Afortunadamente, ahora se puede disponer de un poco de azúcar en las dietas para diabéticos, permitiendo la creación de verdaderos postres grandiosos que puede disfrutar toda la familia. ¡Nada más no se deje llevar y no use mucha azúcar en sus postres! Más bien agregue poca azúcar, use ingredientes saludables, e incluya sus delicias en el plan alimenticio en lugar de comerlas además de éste.

Los productos horneados y las recetas de postres de este libro contienen 25 a 75 por ciento menos azúcar que los postres tradicionales y algunos no incluyen azúcar. A menudo se utilizan ingredientes como jugos o purés de fruta y frutas secas; saborizantes y especias como extracto de vainilla, nuez moscada y canela; y los granos ligeramente dulces como avena, salvado de avena, para reducir la necesidad de azúcar.

La mayoría de estas recetas piden pequeñas cantidades de azúcar blanca, azúcar morena o diferentes endulzantes en líquido como la miel, melaza y miel de maple. ¿Alguno de estos endulzantes ofrece a los diabéticos ventajas especiales? La verdad, no. Todos estos endulzantes, así como los endulzantes de calorías adicionales que se describen a continuación, contienen sacarosa, nombre químico para el azúcar blanca de mesa, o combinaciones de glucosa y fructuosa, los dos azúcares que componen la sacarosa; estos endulzantes también elevan el nivel de azúcar en la sangre. Sin embargo, algunos, como la miel, son más dulces que el azúcar, debiéndose usar menos para obtener el grado deseado de dulzura. Otros endulzantes como la melaza, el azúcar morena y el azúcar de dátil tienen mucho más sabor que el azúcar blanca así que también los puede usar. Además, algunos endulzantes como la melaza y el azúcar de dátil, proporcionan algo de valor nutritivo mientras que el azúcar blanca refinada no proporciona nutrientes. ¿Dónde encajan aquí los jugos de fruta? Muchos concentrados de jugo de frutas que se usan para endulzar postres comerciales, tienen tan alto grado de refinamiento que han perdido sus proteínas y minerales, y sólo queda el azúcar. Las recetas de este libro usan *verdaderos* jugos de frutas y concentrados de jugo, ingredientes que retienen muchos de los nutrientes de las frutas. También se emplean los purés de fruta que son mejores que el jugo, ya que contienen la fruta entera.

En la actualidad se dispone de un gran número de endulzantes y usted tiene la libertad de sustituir uno por otro usando como guía sus gustos, el deseo de ingredientes con alto contenido de nutrientes, y su bolsillo. (Algunos de los endulzantes poco refinados más actuales son mucho más caros que los tradicionales). Desde luego que puede sustituir un líquido por gránulos o viceversa, pero tendrá que hacer el ajuste en los demás ingredientes de la receta. (Por cada taza de endulzante líquido que sustituya al endulzante granulado, reduzca el líquido en un cuarto o tercio de taza.) También recuerde que cada endulzante tiene su propio sabor y su propio grado de endulzar, lo que hace que algunos sean mejores para ciertas recetas en particular.

A continuación se describen algunos endulzantes que pueden ser de fácil obtención en las tiendas de abarrotes, naturistas y en algunas especializadas.

**Mantequilla de manzana.** Dulce y espesa, la mantequilla de manzana se hace cociendo manzanas, con jugo de manzana y especias. Algunas marcas comerciales le incluyen azúcar pero otras las endulzan sólo con jugo de manzana. Use la mantequilla de manzana como lo haría con la miel para endulzar productos en los que un poco de condimento mejorará el sabor. Los pasteles, bollos de salvado y galletas de harina de avena son deliciosos si los prepara con mantequilla de manzana.

**Miel de arroz integral:** Por lo general se puede conseguir en las tiendas naturistas, se hace al convertir la fécula del arroz integral en azúcar. Este jarabe es ligeramente suave, de 30 a 60 por ciento menos dulce que el azúcar dependiendo de la marca, y tiene un delicado sabor a malta. Este endulzante no es muy útil para una dieta diabética, ya que, comparada con otros endulzantes, deben usarse grandes cantidades para obtener el nivel deseado de dulzura.

**Azúcar morena:** Este endulzante granulado es azúcar refinada blanca cubierta con una película fina de melaza. El azúcar morena ligera es más clara que el azúcar morena regular, pero no es más baja en calorías como el nombre lo podría indicar. Debido a que dicho endulzante contiene un poco de melaza, el azúcar morena tiene más calcio, hierro y potasio que el azúcar blanca. Pero como la mayoría de los azúcares, es una fuente de energía nutritiva. La ventaja de usar este endulzante en lugar del azúcar blanca, es que es más dulce, de manera que puede usarse menos cantidad.

**Azúcar de dátil.** Se hace de dátiles secos molidos, y proporciona cobre, magnesio, hierro y vitamina B. Al tener un sabor a dátil, es deliciosa en panes y pasteles. Debido a que no se disuelve tan rápido como el azúcar blanca es mejor mezclar el azúcar de dátil con los ingredientes líquidos de la receta y permitir que repose durante unos minutos antes de continuar con la receta. Como es menos densa que el azúcar blanca, este producto es 2/3 menos dulce que ésta, pero, como tiene más sabor puede sustituirse sobre la base de una taza por una taza.

**Concentrados de jugos de fruta:** Éstos dan dulzura y sabor a los productos horneados además de aumentar su valor nutritivo. Use los concentrados como lo haría con la miel y otros endulzantes líquidos, pero recuerde, una cantidad grande de concentrados da energía en exceso. Siempre tenga latas de jugo de naranja y manzana en el refrigerador sólo para cocinar y hornear. Las mezclas de piña y fruta tropical también son buenos endulzantes, y el jugo de uva blanca es ideal cuando desea un sabor más neutral.

**Fuente de frutas:** Hecho de jugo de uva blanca y arroz integral, este endulzante tiene un sabor más bien neutral y es casi tan dulce como el azúcar blanca. El germen de frutas puede conseguirse en forma de granulado y en líquido. Úselo en líquido como lo haría con la miel, y en granulado como lo haría con el azúcar. Los granulados no se disuelven tan rápido como el azúcar, así que mezcle con los ingredientes líquidos y permita que repose durante unos cuantos minutos antes de continuar con la receta.

**Untables de fruta, mermeladas y conservas.** Se pueden conseguir en una gran cantidad de sabores y son endulzantes deliciosos. Para obtener mejor sabor y alimentación elija una marca que esté hecha de frutas y concentrado de jugo de frutas, baja o casi sin azúcar, y seleccione un sabor que sea compatible con los productos horneados que va a preparar. Úselos como lo haría con cualquier endulzante líquido.

**Miel:** Contrario a la creencia popular, la miel no tiene un valor nutritivo mayor al del azúcar pero le da un sabor rico a los productos horneados. También proporciona humedad, reduciendo la necesidad de grasa. La miel tiene de 20 a 30 por ciento más dulzura que el azúcar, así que puede usarse para obtener la cantidad deseada de dulzura.

**Azúcar de maple:** Se hace de miel de maple deshidratada, agrega un sabor diferente a los productos horneados. Puede usarse en polvo para sustituir el azúcar blanca en los glaseados.

**Miel de maple:** Es la savia de los árboles de maple reducida por cocción, da un sabor delicioso a todos los productos horneados, además proporciona potasio y otros nutrientes, úsela como lo haría con la miel o la melaza.

**Melazas:** Ligera o de Barbados, la melaza es jugo de caña de azúcar puro hervido y reducido a un jarabe espeso. La melaza ligera proporciona calcio, hierro y potasio, y es deliciosa para condimentar pasteles, bizcochos, panes y galletas. La melaza es un derivado en el proceso de refinamiento del azúcar. Es muy rica en calcio, hierro y potasio, además tiene un sabor ligeramente amargo, y es la mitad de dulce que el azúcar refinada. Debido a su sabor tan particular, deberá usarse en pequeñas cantidades, ya que unas cuantas cucharaditas en la receta empalagan.

**Sucanat:** Son granitos de jugo de caña evaporado

que saben parecido al azúcar morena. Proporciona grandes cantidades de potasio, cromo, calcio, hierro y vitaminas A y C. Úselo como el azúcar granulada.

**Jarabe de caña de azúcar.** Su proceso es similar al de la melaza ligera, por lo tanto, tiene un sabor parecido a ésta y también se le compara en cuanto a la nutrición.

A lo largo de nuestros comentarios sobre endulzantes, mencionamos que algunos tienen mayor número de nutrientes que otros. ¿Qué tanta variación existe entre ellos? La siguiente tabla compara las cantidades de los nutrientes seleccionados que se encuentran en 1/2 taza de los diferentes endulzantes. Ponga especial atención a la comparación que existe entre los endulzantes y el azúcar blanca, la más refinada de todas.

## Endulzantes calóricos opcionales

Tradicionalmente se ha utilizado una variedad de endulzantes para sustituir el azúcar o se ha eliminado en postres comerciales hechos para diabéticos. De éstos, sólo la fructuosa es accesible para la repostería. Sin embargo, para los diabéticos ningún endulzante ofrece en verdad ventajas sobre los endulzantes tradicionales como el azúcar, la miel y la melaza. A continuación, conocerá los pros y los contras de usar estos endulzantes para hornear y, así como de comprar productos comerciales hechos con éstos.

**Fructuosa:** Se hace de maicena, este endulzante

granulado se parece y sabe como el azúcar blanca, y tiene un número igual de calorías. Pero, a diferencia de ésta, la fructuosa no requiere insulina para ser utilizada por el cuerpo ni aumenta el azúcar en la sangre. La fructuosa es una y media veces más dulce que el azúcar, así que puede emplearse menor cantidad. A pesar de esto, la fructuosa no se recomienda en grandes cantidades porque puede convertirse en grasa con rapidez y elevar así los niveles de colesterol y triglicéridos de la sangre. Al igual que el azúcar blanca de mesa, la fructuosa es un endulzante muy refinado y no proporciona nutrientes. Este endulzante puede encontrarse en la mayoría de las tiendas de abarrotes pero en comparación con los demás endulzantes es muy caro.

**Sorbitol, Manitol y Xilitol:** Estos endulzantes, químicamente similares al azúcar, se conocen como alcoholes de azúcar. Su uso es muy común en los alimentos comerciales para diabéticos, ya que al igual que la fructuosa no necesitan insulina para absorberse ni ocasionan grandes incrementos de azúcar en la sangre. Los alcoholes de azúcar no están exentos de problemas. Comer los excesos ocasiona gases, inflamación y diarrea. Además, estos endulzantes tienen el mismo número de calorías que cualquier otro azúcar. Los alcoholes de azúcar no son tan dulces como el azúcar blanca así que se necesita más cantidad para conseguir el mismo grado de dulzura.

**Hidrolisatos de almidón:** Estos endulzantes, que

se usan en muchos dulces sin azúcar, están formados por la descomposición de almidones y alimentos comestibles. Los hidrolisatos de almidón tienen casi las mismas calorías que el azúcar blanca. Al igual que los alcoholes de azúcar, el exceso de este endulzante puede tener un efecto laxativo.

**Endulzantes artificiales:** Se utiliza un número de endulzantes artificiales para sustituir el azúcar o eliminarla en los postres comerciales para diabéticos. Estos endulzantes también pueden obtenerse para uso doméstico. Mucho de su atractivo tiene como base el hecho de que casi no tienen calorías y que por lo tanto se consideran un "alimento libre". Además, por supuesto, ninguno requiere el uso de insulina ni eleva el nivel de azúcar en la sangre. Sin embargo, debido a que estos endulzantes no tienen las propiedades químicas y el volumen del azúcar, es imposible sustituirla y obtener buenos resultados. En general, de 25 a 30 por ciento del azúcar en los pasteles, galletas, panes, bizcochos y otros productos horneados puede sustituirse con estos endulzantes sin que se presente mucha diferencia respecto al sabor y textura. En postres como pudines, mousses, pays, tartas y postres crujientes de fruta se puede sustituir la mitad o más del azúcar con un endulzante artificial.

Las recetas de este libro aprovechan la dulzura natural de la fruta, los jugos de fruta, diversos granos y harinas, así como los saborizantes. En la mayoría de los casos sólo se requieren pequeñas o moderadas cantidades de azúcar regular para estos postres, por lo que no se necesitan endulzantes artificiales. Sin embargo, en algunas recetas, los endulzantes artificiales se usan junto con el azúcar para proporcionar un poco de dulzura adicional.

Aprendamos sobre los diferentes endulzantes artificiales y veamos cómo se pueden utilizar para sustituir el azúcar en las recetas.

**Acesulfame-K**: Se vende bajo la marca *Sunette* y como los endulzantes de mesa *Swiss Sweet and Sweet One*, el acesulfame-K es casi 200 veces más dulce que el azúcar, tiene un sabor agradable y no deja sabor amargo. Es estable al calor y puede usarse en postres que requieran cocimiento.

**Aspartame**: Se vendía originalmente bajo la marca *NutraSweet* y como el endulzante de mesa *Equal*, puede conseguirse en la actualidad bajo muchas otras marcas, incluyendo *Sweet Thing II* y *Sweet Mate*. Este endulzante se hace de dos aminoácidos, sustancias que usa el cuerpo para producir proteínas, y como el acesulfame-K, es 200 veces más dulce que el azúcar. Tiene un sabor agradable y no deja sabor amargo.

El aspartame puede conseguirse para uso doméstico pero se descompone cuando se expone al calor, así que sólo puede agregarse en postres fríos o en pudines cocidos, sólo al final del tiempo de cocción. Una forma especialmente cubierta de aspartame se usa en la mezcla de pudines comerciales y en otros alimentos que requieren cocción; es un producto estable al calor y todavía no está disponible para uso doméstico.

**Sacarina:** Objeto de controversia durante muchos años, la sacarina se vende en la actualidad con una etiqueta de advertencia de que puede ocasionar cáncer. Se ha propuesto una prohibición a la sacarina pero todavía no se lleva a cabo puesto que se necesitan más evidencias. Es estable al calor, puede usarse para cocinar y es 300 veces más dulce que el azúcar. Este endulzante tiene un dejo amargo cuando se incluyen grandes cantidades en la receta. Los endulzantes artificiales *Sweet'n Low, Superose,* y *Sugar Twin* contienen sacarina.

Pueden conseguirse muchas formas de endulzantes artificiales y usted puede usar su marca favorita tomando en cuenta que algunas no son estables al calor y por eso no pueden usarse en productos horneados.

¿Qué tan seguros son los endulzantes artificiales? La Administración de Alimentos y Medicamentos (FDA Food and Drug Administration) ha establecido un consumo diario aceptable (ADI Acceptable Daily Intake) para cada endulzante. Los ADI tienen como base la cantidad de endulzante que la persona puede ingerir diariamente durante su vida sin experimentar efectos adversos. Con excepción de la sacarina, los ADI dependen del peso corporal de la persona, así que para personas bajitas el consumo debe ser menor que para las más altas.

La siguiente tabla muestra los ADI para cada uno de los principales endulzantes artificiales. Un vistazo rápido a la tabla muestra que es poco probable que las personas obtengan su ADI por alguno de los endulzantes sobre una base diaria. Pero una persona que depende mucho de estos productos para endulzar bebidas, cereales y otros alimentos, consume bebidas dietéticas suaves, y usa estos endulzantes para cocinar, podría llegar a su límite. Al igual que todos los alimentos artificiales, estos productos deben usarse con moderación.

## Otros ingredientes

Además de los ingredientes que ya comenté, algunos más le podrían ser útiles cuando se aventure a cocinar y hornear productos bajos en grasa y azúcar. Quizá algunos ingredientes le sean familiares mientras otros son adiciones nuevas y valiosas para su despensa.

**Cereal con trocitos de cebada:** Los cereales con mucha nuez, crujientes, semejantes a trozos de Grape-Nuts, son una adición para cubiertas de migajas, galletas, panecillos y otros productos horneados siempre que desee reducir o eliminar el uso de nueces con mucha grasa.

**Frutas secas:** Puede obtener una gran variedad de frutas secas; puede encontrar la piña, los arándanos, las ciruelas, los dátiles y los duraznos secos en la mayoría de las tiendas de abarrotes, mientras que en las naturistas y especializadas ofrecen mangos, papaya, cerezas, blueberry y arándanos secos. Estas frutas dan un sabor más interesante a bizcochos, galletas y otros productos horneados. Si no puede encontrar el tipo de fruta seca que pide la receta, puede sustituirla por otro, ya que todas las frutas secas contienen una cantidad similar de carbohidratos por taza.

**Granola sin grasa:** Así como los cereales con trocitos de cebada, la granola sin grasa es un buen sustituto de las nueces. Este producto le da una consistencia crujiente y sabor adicional de nuez a galletas, panes, y otros productos horneados. Puede adquirir granolas bajas en grasa que también son una buena opción. Busque marcas que no tengan más de 2 gramos de grasa por onza.

**Cubierta de crema batida ligera:** Con la mitad de grasa de la crema batida y 40 por ciento menos calorías, la crema batida para cubrir como *Cool Whip Lite* se usan en escarchados y rellenos ligeros, y agregan cremosidad a los mousses y otros postres.

**Galletas de trigo integral con poca grasa:** Estas galletas siempre contienen muy poca grasa. En la actualidad pueden conseguirse muchas marcas bajas en o sin grasa. En este libro las usamos para las cortezas de los pays y las cubiertas de migaja.

**Mermeladas y productos untables de fruta baja en azúcar.** No deben confundirse con los productos untables de frutas enteras, ya que las mermeladas y productos untables de fruta bajas en azúcar contienen la mitad de azúcar que los tradicionales. Algunos contienen endulzantes artificiales, otros no. Éstos tienen ocho calorías por cucharadita en comparación con las 16 calorías de un producto untable con azúcar entera. Algunas recetas de este libro piden mermelada baja en azúcar, mientras otras usan productos untables de frutas enteras.

**Nueces:** Le sorprendería saber que las recetas de este libro en ocasiones incluyen las nueces como ingrediente o las sugieren como una adición opcional. Las nueces naturales tienen alto contenido de grasa. Pero cuando se usan en pequeñas cantidades, no inflan su presupuesto de grasa, y sí proporcionan algunas grasas esenciales necesarias para la buena salud.

**Cereal de hojuelas de avena y almendras:** Los cereales listos para servirse se pueden moler para hacer migajas, igual que las galletas de trigo integral y usarse para hacer sabrosas bases de pay bajas en grasa.

**Mezclas de gelatina sin azúcar:** Endulzadas con aspartame y acesulfame-K, estos productos se consideran un "alimento libre" en las dietas diabéticas. Pueden usarse para preparar una variedad de postres, incluyendo pays, mousses, batidos de fruta y "parfaits".

**Mezclas de pudín sin azúcar:** Disponibles en variedades tanto instantáneas como "caliente y sirva", la mayoría de las mezclas comerciales para pudines sin azúcar se endulzan con acesulfame-K y aspartame. Estos productos pueden sustituirse por mezclas endulzadas con azúcar para preparar sus pudines favoritos, "parfaits", mousses y rellenos de pay.

**Germen de trigo tostado:** Este ingrediente da a sus

postres una textura sabor crujiente y sabor a nuez. Alimento super nutritivo, tiene 90 por ciento menos grasa que las nueces; el germen de trigo proporciona cantidades generosas de vitamina E y minerales.

## Un mundo acerca de la sal

La sal es una combinación de cloruro y sodio que mejora los sabores de muchos alimentos, incluyendo los horneados y otros postres. Agregar un poco de sal a las recetas de galletas, pasteles u otros postres puede reducir la necesidad de azúcar. Por esta razón, unas cuantas recetas de este libro mencionan una pequeña cantidad de sal como ingrediente opcional. Los panes hechos con levadura, también requieren un poco de sal, aunque la cantidad que se incluye en estas recetas es casi la mitad de la que se usa en las tradicionales.

¿Cuánto sodio es demasiado? La mayoría de las organizaciones de salud recomiendan un límite superior a 2, 400 miligramos por día, el equivalente una cucharadita de sal.

Es probable que ya sepa que muchos diabéticos también tienen presión alta. Si usted intenta reducir su presión sanguínea, debe recordar que el sodio sólo es uno de los factores que participa en la regulación de la misma. También son importantes otros nutrientes. El potasio, por ejemplo, trabaja con el sodio para controlar el equilibrio de los líquidos en el cuerpo. Las dietas ricas en potasio ayudan a proteger contra la presión sanguínea alta. El calcio y el magnesio son otros dos minerales importantes para mantener normal la presión sanguínea. El exceso de peso también puede elevar la presión. Muchas personas logran controlar su presión bajando un poco de peso. Las recetas de este libro contienen granos enteros, fruta, productos lácteos sin o bajos en grasa y otros ingredientes saludables que proporcionan mucho potasio, calcio y magnesio, a diferencia de las que proporcionan la mayoría de los postres. Además descubrirá que el sodio, la grasa y las calorías se mantienen bajo control.

## Acerca del análisis de nutrición

Para calcular la información alimenticia de las recetas de este libro, se usó el Procesador de alimentos II (Investigaciones ESHA), un sistema de análisis de nutrición por computadora, y la información de los fabricantes del producto. Los cambios alimenticios se calcularon con base en la cantidad de carbohidratos, proteína y grasa, así como en los tipos de ingredientes incluidos en las recetas.

La presente obra está llena de recetas que pueden hacer que cualquier comida sea especial o proporcionar un bocadillo "satisfactorio". Estos postres saludables bajos en grasa y azúcar, y altos en nutrientes, le servirán de maravilla en su plan alimenticio, y harán que sienta a gusto sirviéndolos a su familia y amigos. Es más, los postres de ensueño que está a punto de preparar son sólo eso, delicias tentadoramente dulces que van a saber tan ricas, que nadie, con excepción de usted, podrá adivinar que son muy saludables.

# Pasteles creativos

**S**i alguna vez ha intentado hacer un pastel sin azúcar, entenderá la importancia de este ingrediente para hornear alimentos. Además de dar dulzura, el azúcar inhibe el desarrollo del gluten, una proteína en la harina que puede ocasionar que los pasteles estén duros y con textura áspera. Por eso tantas recetas de pasteles sin o con poca azúcar requieren de grasa adicional. Ésta, al igual que el azúcar, evita la formación del gluten.

Por fortuna, existen mejores maneras de reducir el

azúcar en pasteles y aún así conservar una textura agradable. ¿El secreto? Incluir en su pastel ciertas harinas de grano saludables. Las harinas integrales tienen mucho menos gluten que las refinadas. La harina y el salvado de avena funcionan muy bien para productos bajos en azúcar y grasa. Estos productos no sólo son bajos en gluten, también son ricos en fibra soluble, que ayuda a conservar la humedad, un beneficio para quien hace pasteles bajos en grasa. Como la avena tiene un ligero sabor dulce, ayuda a reducir la necesidad de azúcar adicional. Algunos de los pasteles mencionados en este capítulo también incluyen harina de trigo integral para pastel. Este versátil producto, que tiene una textura más suave y de sabor más ligero que la harina de trigo normal, le ayudará a hacer los pasteles más ligeros y suaves posibles; sin embargo, la harina de trigo normal se puede usar en muchas de estas recetas con buenos resultados.

Varias recetas de este capítulo también incluyen ingredientes como purés de frutas, salsa de manzana y jugos de fruta. Estas sanas adiciones humedecen y endulzan el pastel, disminuyendo así la necesidad de grasa y azúcar refinada adicional. ¿El resultado? Pasteles muy húmedos y con mucho sabor sin o con muy poca grasa y que sólo contienen moderadas cantidades de azúcar. De hecho, la mayoría de las delicias dulces que se presentan en este capítulo contienen de tres a cinco cucharaditas de azúcar agregada por porción. Para darle una idea, una rebanada de pastel de ángel o panqué, las opciones de pasteles que por tradición se recomiendan en dietas para diabéticos, contiene cinco o seis cucharaditas de azúcar. Una rebanada de un pastel milhojas glaseado puede contener hasta ¡doce cucharaditas de azúcar!

Así que si busca un gran final para una comida elegante o un simple pastel para acompañar un café durante una reunión casual, ya no tiene que buscar, con un poquito de creatividad, a su familia y usted les encantará descubrir que pueden hacer su pastel y también, comerlo.

## Pastel de canela con zanahoria

Rinde: 18 porciones
2 tazas de harina sin blanquear
1 1/4 tazas de azúcar
1 1/2 cucharaditas de bicarbonato
1 1/2 cucharaditas de canela molida
1 taza de salsa de manzana sin endulzar
1/4 de taza más 2 cucharaditas de sustituto de huevo sin grasa
2 1/2 tazas de zanahorias ralladas (de paquete) (casi 5 medianas)
2 cucharaditas de extracto de vainilla
1/2 taza de nueces picadas
Betún de queso crema esponjoso
1 trozo (8 onzas) de queso crema sin grasa
1 cucharadita de leche descremada
1 cucharadita de extracto de vainilla
Sustituto de azúcar igual a 1/3 de taza de azúcar
1 1/2 tazas de cubierta de crema batida ligera

**1**. Vierta la harina, azúcar, bicarbonato y canela en un tazón grande, y bata hasta mezclar bien. Agregue la salsa de manzana, el sustituto de huevo, las zanahorias, y el extracto de vainilla, y bata hasta mezclar bien. Agregue las nueces.

**2**. Cubra un molde de 9 × 13 pulgadas con aerosol antiadherente para cocinar. Vacíe de manera uniforme el batido en el molde, y hornee a 163°C durante 35 minutos, o hasta que la superficie suba después de sumirla con un ligero toque y al introducir un palillo de madera en el centro del pastel, éste salga limpio. Deje enfriar a temperatura ambiente.

3. Para hacer el escarchado, vacíe en un tazón mediano el queso crema, la leche, el extracto de vainilla y el sustituto de azúcar, y bata con batidora hasta que quede suave. Mezcle con suavidad la crema batida, en forma envolvente.

4. Distribuya el escarchado sobre el pastel frío. Corte en cuadros de 2 × 3 pulgadas, y sirva de inmediato o refrigere.

*Información nutrimental por ración:* Calorías: 162; carbohidratos: 30 g; colesterol 1 mg; grasa 2.8 g; fibra: 1.2 g; proteínas: 4.9 g; sodio: 187 mg

*Cambios para diabéticos:* 1 almidón, 1 fruta, 1/2 grasa

## Rollo de crema de chocolate

Rinde: 12 porciones

1 1/3 tazas de harina sin blanquear
1 taza de azúcar
1/3 de taza de cocoa en polvo
1 cucharadita de bicarbonato
3/4 de taza de salsa de manzana sin endulzar
1/2 taza de sustituto de huevo sin grasa

1/4 de taza de leche descremada
1 cucharadita de extracto de vainilla

**Relleno:**

1 paquete (4 porciones) de chocolate instantáneo sin azúcar, chocolate blanco, o pudín de pistache
1 taza de leche descremada
1 1/4 de crema batida ligera

1. Coloque en un tazón mediano la harina, el azúcar, la cocoa y el bicarbonato y mézclelos bien. Agregue la salsa de manzana, el sustituto de huevo, la leche y el extracto de vainilla, y mézclelo bien.

2. Forre un molde para pan de 15 1/4 × 10 1/4 pulgadas con papel encerado, coloque un pedazo de éste de 16 pulgadas en el molde y doble los lados de tal modo que el papel cubra el fondo y los lados del molde. Rocíe el papel encerado con aerosol antiadherente para cocinar y distribuya la mezcla de manera uniforme en el molde. Hornee a 176°C durante 12 minutos o, hasta que la superficie suba después de sumirla con un ligero toque. No hornee de más.

3. Mientras se hornea el pastel, coloque una toalla limpia de cocina sobre una superficie. Saque el pastel del horno, y de inmediato, voltéelo sobre la toalla. Retire el papel encerado, empezando por el extremo corto, enrolle el pastel y levantando la toalla al mismo tiempo. (Debe existir un espacio libre de 1 y 1/2 pulgadas en el centro para introducir el relleno.) Coloque el rollo de

pastel sobre una rejilla metálica, y permita que enfríe a temperatura ambiente.

4. Para hacer el relleno, mezcle el pudín y la leche en un tazón. Bata con un batidor metálico durante 2 minutos, o hasta mezclar bien y que espese. Mezcle suavemente la crema batida y deje a un lado.

5. Desenrolle con cuidado el pastel frío sólo para permitir que el relleno se esparza sobre la superficie. Distribuya el relleno a 1/2 pulgada de cada orilla. Enrolle el pastel, y pase a un platón. Cubra y déjelo en el refrigerador durante varias horas o toda la noche.

6. Antes de servir, corte 1/2 pulgada de cada extremo del pastel refrigerado y tire. Rebane el rollo de pastel a un grosor de 3/4 de pulgada y sirva.

*Información nutrimental (por ración):* Calorías: 149; carbohidratos: 32 g; colesterol: 0; grasa: 1.4 g; fibra: 1.3 g; proteínas: 3.6 g; sodio: 244 mg

*Cambios para diabéticos:* 2 almidón

## Túnel de cereza

Rinde: 20 porciones

2 1/4 tazas de harina sin blanquear
3/4 de taza de salvado de avena
1 1/3 tazas de azúcar
1 cucharadita de bicarbonato
1 cucharadita de royal

1 cucharadita de cáscara de limón o naranja rallada deshidratada
1 1/4 tazas de mantequilla baja en o sin grasa
3 cucharaditas de aceite vegetal
1/4 de taza más 1 cucharadita de sustituto de huevo sin grasa
1 1/2 cucharaditas de extracto de vainilla
1 1/3 tazas de relleno de pay de cereza ligero (bajo en azúcar)
2 cucharaditas de azúcar glass

1. Coloque la harina, el salvado de avena, el azúcar, el bicarbonato, el royal y la cáscara de limón o naranja en un tazón grande, y mézclelos bien. Agregue mantequilla, el aceite, el sustituto de huevo, el extracto de vainilla, y mézclelos bien.

2. Cubra un molde desmontable de 12 tazas con aerosol antiadherente y distribuya el batido de manera uniforme en el molde. Coloque con una cuchara el relleno de cereza en un círculo sobre el centro de la mezcla. (El relleno se hundirá en la mezcla al hornearse el pastel.)

3. Hornee a 176°C durante 40 minutos, o hasta que la superficie esté dorada y al introducir un palillo de madera en uno de los lados del relleno salga limpio. Deje enfriar el pastel por 40 minutos en el molde. Luego desmolde sobre una rejilla metálica, y déjelo enfriar a temperatura ambiente.

4. Cierna el azúcar glass sobre la superficie del pastel justo antes de rebanar y servir.

*Información nutrimental por ración:* Calorías: 152; carbohidratos: 30 g; colesterol: 0 mg; grasa: 2.5 g; fibra: 1.2 g; proteínas: 3 g; sodio: 105 mg

*Cambios para diabéticos:* 1 almidón, 1 fruta, 1/2 grasa

## Pastel de ángel con pudín

Rinde: **12** porciones

2 tazas de leche descremada

1 paquete (4 porciones) de mezcla de pudín instantáneo o de cocción rápida de chocolate blanco u oscuro sin azúcar

3 tazas de fresas frescas rebanadas

1 1/2 tazas de frambuesas frescas

1 pastel de ángel de 1 libra

Betún:

1 taza más 2 cucharaditas de crema batida ligera

1/4 taza más 2 cucharaditas de yoghurt de vainilla, fresa o frambuesa sin grasa ni azúcar

1. Use la leche descremada para preparar el pudín de acuerdo a las instrucciones del paquete. Enfríe por lo menos 1 hora, o hasta que espese.

2. Coloque las fresas y las frambuesas en un tazón grande y mezcle bien. Deje a un lado.

3. Con un cuchillo de sierra, corte un canal de 1 y 1/2 pulgadas de profundidad en la superficie del pastel, deje 3/8 de pulgada del pastel intacto a cada lado del canal. Coloque el pastel en el centro de un platón redondo de 12 pulgadas. Distribuya de manera uniforme con una cuchara el pudín frío en el hueco del pastel. Acomode 1 y 1/2 tazas de la mezcla de frutas sobre el pudín. (La fruta se amontona un poco encima de la superficie.)

4. Para hacer el escarchado, coloque la cubierta de crema batida en un tazón pequeño, y mezcle suavemente el yoghurt en la cubierta. Esparza la mezcla a los lados y la superficie del pastel de tal modo que el escarchado llegue a la orilla de la fruta. Acomode la fruta restante alrededor de la base del pastel. Refrigere durante 2 horas antes de rebanar y servir.

*Información nutrimental por ración:* Calorías: 145; carbohidratos: 31g; colesterol: 1 mg; grasa: 1.2g; fibra: 1.3g; proteínas: 3.8g sodio: 388 mg

*Cambios para diabéticos:* 1 almidón, 1 fruta

## Pastel dulce de chocolate con salsa de frambuesa

Rinde: 8 porciones

2/3 de taza de harina sin blanquear

1/3 de taza de harina de avena

1/2 taza más 2 cucharaditas de azúcar

1/4 de taza de cocoa en polvo
3/4 de cucharadita de bicarbonato
1/4 de cucharadita de sal
1/2 taza más 2 cucharaditas de agua
1/3 de taza de crema agria sin grasa
1 cucharadita de extracto de vainilla

**Salsa de frambuesa:**

1 cucharadita de maicena
1/4 de taza de jugo de uva blanca
1 y 1/2 tazas de frambuesas frescas o congeladas (sin licuar)
Sustituto de azúcar igual a 1/4 de taza de azúcar

1. Para hacer la salsa de frambuesa, ponga la maicena en una olla de 1 litro, revuelva primero el jugo, y luego las frambuesas. Caliente la mezcla hasta hervir a temperatura media, agitando constantemente. Cocine durante 3 minutos, siga agitando hasta que se deshagan las frambuesas y la mezcla esté espesa y burbujeante.

2. Retire la cacerola del fuego y deje enfriar por 5 minutos. Revuelva el sustituto de azúcar con la mezcla de frambuesas. Cambie a un recipiente con tapa y refrigere hasta que vaya a servir.

3. Coloque las harinas, el azúcar, la cocoa, el bicarbonato y sal, en un tazón grande, y mézclelos con un batidor metálico. Agregue el agua, la crema ácida y el extracto de vainilla, y agite hasta que estén bien mezclados.

4. Cubra un molde para hornear redondo de 9 pul-

gadas con aerosol antiadherente para cocinar y vierta el batido de manera uniforme. Hornee a 176°C durante 18 minutos, o hasta que la superficie suba después de sumirla con un ligero toque y al introducir un palillo de madera en el centro del pastel, éste salga limpio. No hornee de más. Deje enfriar el pastel a temperatura ambiente.

5. Cuando esté listo para servir, corte el pastel en 8 rebanadas y en la superficie de cada una sirva 2 cucharaditas de la salsa de frambuesa.

*Información nutrimental por ración:* Calorías: 150 ;carbohidratos: 32g; colesterol: 0mg; grasa: 1g; fibra: 2.2g; proteínas: 3g; sodio: 199 mg

*Cambios para diabéticos:* 1 almidón, 1 fruta

**Recomendación para combatir la grasa:** Sabor a chocolate con una parte de grasa. Para un rico sabor a chocolate con el mínimo de grasa, sustituya la cocoa en polvo por el chocolate para hornear rico en grasas. Sólo use tres cucharaditas de cocoa en polvo más una cucharadita de agua u otro líquido para sustituir cada onza de chocolate para hornear, en pasteles, brownies, pudines y otros productos. ¡Se ahorrará 111 calorías y 13.5 gramos de grasa por cada onza de chocolate para hornear que sustituya!

Para un sabor a cocoa más rico, oscuro e intenso, use en sus postres de chocolate cocoa alemana procesada. El proceso alemán neutraliza la acidez natural en la cocoa, dando como resultado un sabor a cocoa más suave, dulce y oscuro. Busque una marca como el Hershey's estilo europeo. Al igual que la cocoa normal, este producto sólo contiene medio gramo de grasa por cucharadita. (Sin embargo, tenga cuidado porque algunas marcas contienen más grasa). La cocoa alemana se puede sustituir por cocoa natural en cualquier receta. Como este estilo de cocoa tiene un sabor más dulce y suave, quizá descubra que puede disminuir el azúcar en su receta en un 25 por ciento.

## Pastel de moka

Rinde: 18 porciones

1 1/4 tazas de harina sin blanquear
3/4 de taza de harina de avena
1 taza más 2 cucharaditas de azúcar
1/4 de taza más 2 cucharaditas de cocoa en polvo
1 1/2 cucharaditas de bicarbonato
1/2 cucharadita de sal
1 taza de leche descremada
3/4 de taza más 1 cucharadita de café frío a temperatura ambiente
1 cucharadita de vinagre blanco destilado
1 1/2 cucharadita de extracto de vainilla
1/2 taza de nueces picadas

Glaseado:

1 taza de azúcar glass

2 cucharaditas de cocoa en polvo
1 cucharada más 2 cucharaditas de café a temperatura ambiente
1 1/2 cucharaditas de extracto de vainilla

1. Vacíe las harinas, el azúcar, la cocoa, el bicarbonato y la sal en un tazón grande y mézclelos con un batidor metálico.

2. En un tazón pequeño vierta la leche, el café, el vinagre y el extracto de vainilla, y bata hasta mezclar bien. Añada la mezcla de leche a la harina y agite con un batidor metálico hasta que la mezcla esté suave. (Estará ligero.) Agregue las nueces.

3. Cubra un molde de 9 × 13 pulgadas con aerosol antiadherente para cocinar, y vacíe la mezcla en el molde. Hornee a 176°C durante 30 minutos, o hasta que la superficie suba después de sumirla con un ligero toque o al introducir un palillo de madera en el centro del pastel, éste salga limpio. No hornee de más.

4. Para el glaseado, vacíe todos los ingredientes en un tazón pequeño y bata hasta que quede suave. Distribuya el glaseado sobre el pan caliente en una capa delgada. Deje enfriar el pastel a temperatura ambiente en el molde, y rebane en pedazos de 2 × 3 pulgadas para servir.

*Información nutrimental por ración:* Calorías: 145; carbohidratos: 29g; colesterol: 0; grasa: 2.7g; fibra: 1.8g; proteínas: 2.9g; sodio: 165 mg

*Cambios para diabéticos:* 2 almidón, 1/2 grasa

## Pastel cannoli de chocolate y almendras

Este pastel se hace en un molde para flan o rosca. La parte inferior del molde tiene un centro levantado que es ideal para poner el relleno después de enfriar el pastel.

Rinde: 10 porciones
3/4 de taza de harina sin blanquear
3/4 de taza de harina de avena
3/4 de taza de azúcar
1/4 de taza de cocoa en polvo
1 cucharadita de bicarbonato
1/8 de cucharadita de sal
1 1/4 tazas de agua
1 1/2 cucharaditas de vinagre blanco destilado
1 cucharadita de extracto de vainilla
1/2 cucharadita de extracto de almendra
Relleno:
15 onzas de queso ricotta sin grasa
2 cucharaditas de azúcar
Sustituto de azúcar igual a 1/3 de taza de azúcar
3/4 de cucharadita de extracto de vainilla
1/4 de taza de almendras tostadas

1. Vacíe las harinas, el azúcar, la cocoa, el bicarbonato y la sal en un tazón mediano, y mézclelos con un batidor metálico.
2. En un tazón pequeño vacíe el agua, vinagre y ex-

tractos y bata hasta mezclar bien. Añada esta mezcla a la anterior y agite con un batidor metálico hasta que se incorporan bien. (El batido se aligerará.)

3. Cubra un molde para flan, de 10 pulgadas, con aerosol antiadherente para cocinar y vacíe la mezcla en él. Hornee a 176°C durante 15 minutos, o hasta que la superficie suba después de sumirla con un ligero toque y al introducir un palillo de madera en el centro del pastel, éste salga limpio. No hornee de más.

4. Deje enfriar el pastel en el molde a temperatura ambiente. Luego voltee el pastel en un platón.

5. Para el relleno, vacíe el ricotta, el azúcar, el sustituto de azúcar y el extracto de vainilla en una licuadora y licue hasta que quede una mezcla suave. Vacíe con el relleno en el hueco del pastel. Espolvoree las almendras sobre el relleno y refrigere durante varias horas antes de rebanar y servir.

*Información nutrimental por ración:* Calorías: 183; carbohidratos: 34g; colesterol: 6mg; grasa: 1.9g; fibra: 1.9g; proteínas: 9g; sodio: 211 mg

*Cambios para diabéticos:* 2 almidón, 1/2 de leche descremada

## Pastel de pera golden

Rinde: 9 porciones

3/4 de taza de harina sin blanquear

1/2 taza de harina pastelera de trigo integral
1/2 taza de azúcar morena
3/4 de cucharadita de bicarbonato
1/8 de cucharadita de cardamomo molido
1/2 taza de yoghurt natural sin grasa
2 claras de huevo, ligeramente batidas
2 tazas de peras frescas peladas y en trozos (casi 2 1/2 peras y media medianas)
1/4 de taza de pasasitas

**Cubierta:**

1 cucharadita de azúcar morena
1 cucharadita de germen de trigo tostado

1. Para la cubierta, vacíe el azúcar morena y el germen de trigo en un tazón pequeño y mezcle bien. Deje a un lado.

2. Vacíe las harinas, el azúcar morena, el bicarbonato y el cardamomo en un tazón mediano y bata hasta que esté bien mezclados. Añada el yoghurt y las claras de huevo y bata hasta incorporarlos. Cubra con las peras pasas.

3. Rocíe un molde cuadrado de 8 pulgadas con aerosol para cocinar. Vacíe la mezcla en el molde, y espolvoree con la cubierta. Hornee a 176°C durante 30 o 35 minutos, o cuando al introducir un palillo de madera en el centro del pastel, éste salga limpio, y la superficie suba después de sumirla con un ligero toque.

4. Deje enfriar el pastel por 30 minutos antes de reba-

nar y servir; puede hacerlo cuando esté caliente o a temperatura ambiente.

*Información nutrimental por ración:* Calorías: 144; carbohidratos: 32g; colesterol: 0mg; grasa: 0.5g; fibra: 2.3g; proteínas: 4g; sodio: 132 mg

*Cambios para diabéticos:* 1 almidón, 1 fruta

## Delicia alemana de chocolate

Rinde: **10** porciones
3/4 de taza de harina sin blanquear
3/4 de taza de harina de avena
3/4 de taza de azúcar morena ligera
1/4 de taza de cocoa en polvo
1 cucharadita de bicarbonato
1/8 de cucharadita de sal
1 1/4 tazas de agua
1 1/2 cucharaditas de vinagre blanco destilado
1 cucharadita de extracto de vainilla
1/2 cucharadita de extracto sabor a coco
Relleno:
1 paquete (4 porciones) de mezcla de pudín de caramelo sin azúcar instantáneo
1 1/2 tazas de leche descremada
1/3 de taza de coco rallado sin endulzar
1/3 de taza de nueces de castilla picadas

Al igual que el Pastel cannoli de chocolate con almendras, este pastel se hace en un molde para flan o rosca, lo cual le permite añadir un relleno después de que el pastel se horneó y enfrió.

1. Vacíe las harinas, el azúcar morena, la cocoa, el bicarbonato y la sal en un tazón mediano y revuelva con un batidor metálico.

2. En un tazón pequeño vacíe el agua, el vinagre y los extractos en un tazón pequeño, y bata hasta mezclar bien. Añada esta mezcla a la anterior y mézclelos muy bien con un batidor metálico. (El batido se aligerará.)

3. Cubra un molde para flan de 10 pulgadas con aerosol antiadherente para cocinar, y vierta la mezcla. Hornee a 176°C durante 15 minutos, o hasta que la superficie suba después de sumirla con un ligero toque y al introducir un palillo de madera en el centro del pastel, éste salga limpio. No hornee de más.

4. Deje que el pastel se enfríe en el molde a temperatura ambiente. Luego, voltee el pastel en un platón.

5. Para el relleno, combine la mezcla del pudín y la leche en un tazón pequeño. Agite con un batidor metálico 2 minutos, o hasta mezclar bien y que la mezcla espese. Vacíe el coco y las nueces de castilla. Llene con el relleno el hueco en la superficie del pastel, y refrigere varias horas antes de rebanar y servir.

*Información nutrimental por ración:* Calorías: 177; carbohidratos: 32g; colesterol: 0mg; grasa: 4.2g; fibra: 2g; proteínas: 4.2g; sodio: 264 mg

*Cambios para diabéticos:* 2 almidón, 1 grasa

## Pastel kuchen de durazno

Rinde: 10 porciones
3/4 de taza de harina sin blanquear
1/2 taza de harina pastelera de trigo integral
3/4 de taza de azúcar
1 1/2 cucharaditas de royal
1/4 de cucharadita de bicarbonato
1/4 de taza más 2 cucharaditas de yoghurt natural sin grasa
1/4 de taza de sustituto de huevo sin grasa
1 1/2 cucharaditas de extracto de vainilla
1 lata (de 1 libra) de duraznos rebanados en almíbar, bien escurridos
1 taza de moras azules frescas o congeladas (sin licuar)
Cubierta:
2 cucharaditas de almendras finamente molidas
1 cucharadita de azúcar
1/4 de cucharadita de canela molida

1. Para la cubierta, vacíe las almendras, el azúcar y la canela en un tazón pequeño y revuélvalos. Deje a un lado.
2. En un tazón mediano vacíe las harinas, el azúcar, el royal y el bicarbonato y mézclelos muy bien. (El batido estará muy espeso.)

3. Cubra un molde redondo para pastel de 10 pulgadas con aerosol antiadherente para cocinar y vierta la mezcla. Acomode encima las rebanadas de duraznos en círculos concéntricos, luego distribuya las moras azules sobre los duraznos. Espolvoree la cubierta sobre la mezcla y la fruta.

4. Hornee a 176°C durante 35 minutos, o cuando al introducir un palillo de madera en el centro del pastel, éste salga limpio y la superficie suba después de sumirla con un ligero toque. (Elija un lugar que no tenga fruta.)

5. Deje enfriar el pastel 30 minutos antes de rebanar y servir. Puede servirlo caliente o a temperatura ambiente.

*Información nutrimental por ración:* Calorías: 151; carbohidratos: 32g; colesterol: 0mg; grasa: 1.1g; fibra: 2.1g; proteínas: 3g; sodio: 97 mg

*Cambios para diabéticos:* 1 almidón, 1 fruta

## Pastel de limón ligero y suculento

Rinde: 16 porciones

1 caja (de 1 libra, 2.25 onzas) de harina preparada para pastel blanco ligero (bajo en grasa)

2 paquetes (para 4 porciones cada uno) de gelatina de limón sin azúcar

1 taza de agua hirviendo

1 taza de agua fresca pura

**Escarchado:**
1 1/2 tazas de crema batida ligera
1 taza de yoghurt de limón sin grasa ni azúcar

Para darle variedad, puede sustituir la gelatina y el yogurt de limón por otros sabores.

**1.** Prepare el pastel de acuerdo a las instrucciones del paquete y hornee en un molde de 9 × 13 pulgadas. Deje enfriar el pastel a tempertura ambiente. Con un tenedor, haga orificios en el pastel a intervalos de 1/2 pulgada.

**2.** Vierta la gelatina en polvo en un tazón mediano. Agregue el agua hirviendo sobre la gelatina y revuelvalo hasta que se disuelva. Añada el agua fría. Vierta despacio la gelatina sobre el pastel, permitiendo que la absorba. Cubra y refrigere mínimo por 3 horas.

**3.** Para hacer el escarchado, vacíe en un tazón pequeño la crema batida y el yoghurt. Distribuya el escarchado sobre el pastel, y déjelo enfriar durante una hora más antes de rebanar y servir.

*Información nutrimental por ración:* Calorías: 154; carbohidratos: 30g; colesterol: 0mg; grasa: 3g; fibra: 0.3g; proteínas: 2.8g; sodio: 264mg

*Cambios para diabéticos:* 2 almidón, 1/2 grasa

## Pastel de café con arándano y naranja

Rinde: 20 porciones
1/2 taza de margarina baja en grasa o mantequilla ligera, suavizada a temperatura ambiente
1 1/4 tazas de azúcar
4 claras de huevo, o 1/2 taza de sustituto de huevo sin grasa
1 1/2 cucharaditas de extracto de vainilla
1 taza de jocoque sin grasa
2 1/4 tazas de harina sin blanquear
3/4 de taza de salvado de avena
2 cucharaditas de royal
1/2 cucharadita de bicarbonato
1 cucharadita de cáscara de naranja deshidratada rallada
Relleno:
3/4 de taza de arándanos frescos o congelados (sin licuar), finamente picados
Sustituto de azúcar igual a 1/4 de taza de azúcar
3 cucharaditas de nueces de castilla finamente picadas
Glaseado:
1/3 de taza de azúcar glass
1/2 cucharadita de cáscara de naranja deshidratada rallada
2 cucharaditas de jugo de naranja

1. Vierta la margarina o mantequilla y el azúcar en el tazón de una batidora eléctrica, y bata hasta suavizar.

Bata las claras de huevo y el extracto de vainilla. Agregue el jocoque.

2. En un tazón mediano vierta la harina, el salvado de avena, el royal, el bicarbonato y la cáscara de naranja y mézclelos muy bien. Añada esta mezcla a la anterior y bátalos hasta que se incorporen bien.

3. Para el relleno, ponga 3/4 de taza de la mezcla en un tazón pequeño. Añada los arándanos, el sustituto de azúcar y las nueces y bátalos.

4. Cubra un molde desmontable para 12 tazas con aerosol antiadherente para cocinar y distribuya dos tercios de la mezcla en el molde. Vierta con una cuchara la mezcla del arándano como un anillo sobre el centro del batido y la superficie con la mezcla restante.

5. Hornee a 176°C durante 35 a 40 minutos, o cuando al introducir un palillo de madera en el centro del pastel, éste salga limpio. Deje enfriar el pastel en el molde durante 30 minutos. Después, voltee sobre una rejilla metálica y deje enfriar a temperatura ambiente.

6. Para el glaseado, combine el azúcar glass, la cáscara de naranja y el jugo de naranja en un tazón pequeño y bata hasta suavizar. Pase el pastel a un platón, y salpique el glaseado sobre el pastel. Deje reposar el pastel por 15 minutos, permitiendo que se endurezca el glaseado, antes de partir.

*Información nutrimental por ración:* Calorías: 150; carbohidratos: 29g; colesterol: 0mg; grasa: 3.2g; fibra: 1.2g; proteínas: 3.2g; sodio: 111 mg

*Cambios para diabéticos:* 1 almidón, 1 fruta, 1/2 grasa

## Pastel de café con manzana y crema agria

Rinde: 10 porciones
1 taza de harina sin blanquear
1/2 taza de harina pastelera de trigo integral
1/2 taza de azúcar
1 cucharadita de bicarbonato
1 cucharadita de canela molida
1/2 taza de jugo de manzana
1/4 de taza de crema ácida sin grasa
1 clara de huevo, ligeramente batida
2 1/2 tazas de manzanas finamente peladas y rebanadas (3 medianas)
1/4 de taza de nueces de castilla picadas
Cubierta:
2 cucharaditas de azúcar morena
2 cucharaditas de nueces de castilla finamente picadas

1. Para hacer la cubierta, vierta el azúcar morena y las nueces de castilla en un tazón pequeño y revuelvalos. Deje a un lado.

2. Coloque las harinas, el azúcar, el bicarbonato y la canela en un tazón mediano y mézclelos. Revuelva con

jugo de manzana, la crema ácida y la clara de huevo. Añada las manzanas y las nueces de castilla.

3. Cubra un molde redondo de 9 pulgadas con aerosol antiadherente para cocinar. Distribuya el batido de manera uniforme sobre el molde, y rocíe con la cubierta. Hornee a 176°C durante 30 minutos, o cuando al introducir un palillo de madera en el centro del pastel, éste salga limpio y la superficie suba después de sumirla con un ligero toque.

4. Deje enfriar el pastel 30 minutos antes de rebanar y servir. Sirva caliente o a temperatura ambiente.

*Información nutrimental por ración:* Calorías: 165; carbohidratos: 32g; colesterol: 0mg; grasa: 2.9g; fibra: 1.9g; proteínas: 3.8g; sodio: 140mg

*Cambios para diabéticos:* 1 almidón, 1 fruta, 1/2 grasa

## Mini pasteles de queso con cereza

Rinde: 12 porciones

12 obleas de vainilla bajas en grasas

1 taza de relleno pastelero ligero de cereza (bajo en azúcar)

Relleno de queso:

2 barras (8 onzas cada una) de queso crema sin grasa

1 taza de queso ricotta sin grasa

1/2 taza de azúcar

Sustituto de azúcar igual a 1/2 taza de azúcar

1/2 taza de sustituto de huevo sin grasa

3 cucharaditas de harina sin blanquear
1 1/2 cucharadita de extracto de vainilla
1 cucharadita de cáscara de limón deshidratada rallada

1. Cubra 12 copas para panecillos con envoltura de papel encerado para panecillos, y rocíelas con aerosol antiadherente para cocinar. Coloque 1 oblea de vainilla extendida en el fondo de cada copa. Déjelas a un lado.

2. Para hacer el relleno de queso, vierta el queso crema, el ricotta y el azúcar en un procesador de alimentos, y muélalos bien. Añada el sustituto de azúcar, el sustituto de huevo, la harina, el extracto de vainilla y la cáscara de limón, y procéselas hasta que se suavicen.

3. Divida el relleno entre las 12 copas para panecillos, echándolo con una cuchara sobre las obleas. Hornee a 163°C durante 30 minutos, o hasta que se esponjen los pasteles de queso y esté listo el relleno. Apague el horno y deje enfriar los pastelillos de queso en el horno por 30 minutos con la puerta entreabierta.

4. Refrigere los pastelillos, dejándolos en las envolturas durante 4 horas mínimo. Cubra cada porción con relleno pastelero antes de servir utilizando una cuchara ligeramente redonda.

*Información nutrimental por ración:* Calorías: 126; carbohidratos: 21g; colesterol: 3mg; grasa: 0.4g; fibra: 0.2g; proteínas: 10g; sodio: 245mg

*Cambios para diabéticos:* 1 almidón, 1/2 leche descremada

## Pastel de cocoa con calabacita

Rinde: 9 porciones
3/4 de taza de harina sin blanquear
1/4 de taza más 2 cucharaditas de harina pastelera de trigo integral
2/3 de taza de azúcar
3 cucharaditas de cocoa en polvo
1 cucharadita de royal
1/4 de cucharadita de bicarbonato
1/8 de cucharadita de sal
3/4 de cucharadita de canela molida
1/2 taza de jocoque sin o bajo en grasa
2 claras de huevos ligeramente batidas
1 cucharadita de extracto de vainilla
1 taza de calabacitas sin pelar finamente ralladas (1 mediana)
1/4 de taza de pasas
1/4 de taza de nueces de castilla picadas

1. Vierta las harinas, el azúcar, la cocoa, el royal, el bicarbonato, la sal y la canela en un tazón mediano y mézclalos bien. Añada el jocoque, las claras de huevo y el extracto de vainilla y bátalos suficientemente. Eche primero las calabacitas y después las pasas y las nueces de castilla.

2. Cubra un molde cuadrado de 8 pulgadas con aerosol antiadherente para cocinar, y distribuya la mezcla

de manera uniforme en el molde. Hornee a 163°C durante 30 minutos, o cuando al introducir un palillo de madera en el centro del pastel, éste salga limpio y la superficie suba después de sumirla con un ligero toque.

3. Deje enfriar el pastel a temperatura ambiente antes de cortar en cuadros y servir.

*Información nutrimental por ración:* Calorías: 157; carbohidratos: 31g; colesterol: 0mg; grasa: 2.4g; fibra: 1.7g; proteínas: 3.9g; sodio: 132mg

*Cambios para diabéticos:* 1 almidón, 1 fruta, 1/2 grasa

## Pastel de queso marmoleado con dulce de chocolate

Rinde: 10 porciones

Base:

5 galletas de trigo integral de chocolate bajas en grasa (2 1/2 × 5 pulgada)

2 cucharaditas de nueces de castilla finamente picadas

1 cucharadita de azúcar

1 cucharadita de sustituto de huevo sin grasa

Relleno de queso:

2 barras (8 onzas cada una) de queso crema sin grasa suavizada a temperatura ambiente

15 onzas de queso ricotta sin grasa

1/2 taza de azúcar

Sustituto de azúcar igual a 1/2 taza de azúcar

1/2 taza de sustituto de huevo sin grasa
1/4 de taza más 1 cucharadita de harina sin blanquear
2 cucharaditas de extracto de vainilla
Relleno de dulce de chocolate
3 cucharaditas de cocoa en polvo estilo europeo procesada
2 cucharaditas de azúcar
Sustituto de azúcar igual a 2 cucharaditas de azúcar
3/4 de cucharadita de extracto de vainilla

1. Para hacer la corteza, despedace las galletas y vacíelas en el tazón de un procesador de alimentos. Procéselas hasta que queden molidas. Mídalas, deben ser 3/4 de taza. (De ser necesario, ajuste la cantidad.)
2. Regrese las galletas molidas al procesador y agregue las nueces de castilla y el azúcar y procese unos segundos hasta que se mezclen. Añada el sustituto de huevo y procese hasta que la mezcla quede húmeda y en moronas.
3. Cubra un molde de 9 pulgadas con aerosol antiadherente para cocinar, y con la parte posterior de una cuchara presione la mezcla contra el fondo y 1/4 de pulgada hacia arriba a los lados del molde, formando una base uniforme. (De ser necesario, sumerja la cuchara en azúcar de vez en cuando a fin de evitar que se pegue.) Hornee a 176°C durante 8 minutos, o hasta que las orillas se sientan duras y secas. Déjela enfriar.
4. Para hacer el relleno de queso, vacíe el queso crema, el ricotta y el azúcar en el tazón de un procesador

de alimentos, y procese hasta que se mezclen bien. Añada el sustituto de azúcar, el sustituto de huevo, la harina, y el extracto de vainilla, y procese hasta que esté suave. Déjela a un lado.

5. Para hacer el relleno de dulce de chocolate, pase 1/2 taza de relleno de queso a un tazón pequeño. Añada la cocoa, el azúcar, el sustituto de azúcar, y el extracto de vainilla, y mézclelo bien. Déjelo a un lado.

6. Distribuya la mitad de la mezcla de queso de manera uniforme sobre la base. Vierta con la cuchara el relleno de dulce de chocolate al azar sobre el batido; luego cubra con el batido restante. Con un cuchillo trace líneas sobre la pasta para producir un efecto de marmoleado.

7. Hornee a 163°C durante 1 hora, o hasta que esté listo el centro. Apague el horno, y deje que el pastel se enfríe en el horno con la puerta entreabierta por 30 minutos.

8. Refrigere el pastel mínimo 8 horas. Retire el molde del pan justo antes de rebanar y servir.

*Información nutrimental por ración:* Calorías: 197; carbohidratos: 28g; colesterol: 4mg; grasa: 2g; fibra: 0.9g; proteínas: 15g; sodio: 350 mg

*Cambios para diabéticos:* 1 almidón, 1 leche descremada, 1/2 grasa

## *El betún del pastel*

Por lo general, las recetas del betún para pasteles de 9 × 13 pulgadas indican 3 tazas de azúcar glass y una barra de mantequilla. Pero ¿existe una alternativa que no sólo sea sana, sino que también satisfaga las expectativas de todos de una cubierta suave y cremosa? ¡Desde luego que sí! En lugar de sentirse abrumado por la grasa, los betunes y escarchados en este libro están hechos de queso ricotta sin grasa, queso crema sin grasa, crema batida ligera y yoghurt sin grasa. Además de que sólo contienen una fracción del azúcar que se encuentra en recetas tradicionales.

Las siguientes sugerencias resumen muchos de los betunes, escarchados y otras cubiertas que no requieren hornearse, las cuales se recomiendan en estas páginas, así como algunas otras ideas.

- Espolvoree la superficie de los pasteles de chocolate con un poco de azúcar glass. Cierna azúcar glass sabor maple encima de pasteles de especias, plátano y de otras frutas.
- Combine 2 tazas de queso ricotta sin grasa, 1 cucharadita de extracto de vainilla, y 3 a 4 cucharaditas de miel o miel de maple en una licuadora o un procesador de alimentos, y suavícela. Distribuya sobre los pasteles de especias, plátano y otras frutas. Esta pasta es suficiente para un pastel de 9 × 13 pulgadas.
- En lugar de usar un escarchado, distribuya una capa delgada de mermelada o conservas de fruta baja en azú-

car sobre la superficie de los pasteles. Pruebe la mermelada de frambuesa en pasteles de chocolate, de piña en pasteles de plátano y de chabacano o durazno en pasteles de especias.

Cubra los pasteles con queso de yoghurt, una cubierta dulce y cremosa que se hace drenando el suero del yoghurt. Para cubrir un pastel de 9 × 13 pulgadas, use 2 tazas de queso de yoghurt, que se hace con 4 tazas de yoghurt. Pruebe el queso de yoghurt de vainilla, café o frambuesa en pasteles de chocolate; queso de yoghurt de vainilla, plátano o piña en pasteles de plátano, y queso de yoghurt de limón o vainilla en pasteles de limón y zanahoria.

Para un betún de queso crema ligero y esponjoso, combine 8 onzas de queso crema sin o bajo en grasa, sustituto de azúcar igual a 1/3 de taza de azúcar, 1 cucharadita de leche y 1 cucharadita de extracto de vainilla en un tazón, y bata con una batidora eléctrica hasta que se suavice. Vacíe 1 taza y media de crema batida ligera en la mezcla del queso. Distribuya sobre pasteles de zanahoria, piña y especias. Esta pasta es suficiente para un pastel de 9 × 13 pulgadas.

Para un escarchado de crema batida esponjoso y sin problemas, vacíe de 1/2 a 1 taza de yoghurt sin grasa ni azúcar (de cualquier sabor) en 1 taza y media de crema batida ligera. Escarchará un pastel de 9 × 13 pulgadas. Use yoghurt de vainilla en pasteles de cualquier sabor, yoghurt de limón en pasteles de limón, yoghurt de plátano en pasteles de plátano y yoghurt de café o frambuesa en pasteles de chocolate. Agregar yoghurt a una cubierta de crema batida crea un sabor y textura más cremosa, y añade cierta nutrición a un producto que de otro modo es bajo en nutrientes.

Para un escarchado super cremoso y deliciosamente dulce, combine un paquete de 4 porciones (de cualquier sabor) de pudín instantáneo sin azúcar con 1 taza de leche descremada o baja en grasa. Agite dos minutos con un batidor metálico o hasta que se suavice y espese. Luego, vacíe 1 o taza y media de cubierta de crema batida ligera. Esta receta es prácticamente sin azúcar y produce suficiente escarchado para un pastel extendido de 9 × 13 pulgadas o un pastel de dos niveles de 8 o 9 pulgadas. Pruebe sabores de chocolate o pistache en pasteles de chocolate, de caramelo o plátano en pasteles de especias, y de limón o vainilla en pasteles blancos, de limón y de zanahorias.

# Pays, tartas y pastas agradables

Los pays, las tartas y las pastas hojaldrados y deliciosos siempre son un obsequio de bienvenida. Y ya sea que estén hechos con un jugoso relleno de frutas o de cremosa natilla, estos productos se pueden preparar fácilmente con muy poca azúcar y grasa. Aunque no lo crea, los pays, las tartas y las pastas también pueden agregar una considerable cantidad de nutrición a sus alimentos. Por ejemplo, un pay de frutas bajo en grasa y azúcar con una corteza de harina de avena le dará a sus alimentos parte del intercambio de fruta y almidón.

Si compara las recetas de este capítulo con los libros de cocina tradicionales, se dará cuenta que contienen del 50 al 75 por ciento menos azúcar que la mayoría de las recetas comparables. Los postres de frutas en este capítulo obtienen gran parte del dulce de las frutas frescas, deshidratadas y los jugos de frutas. Con el fin de mejorar la dulzura de estos ingredientes se agregan especias como la canela y nuez moscada, al igual que saborizantes como el extracto de vainilla. Para resultados óptimos, siempre use fruta madura y dulce, así no tendrá que agregar azúcar adicional.

Al igual que con los postres de frutas, los dulces de pudín y natilla en este capítulo son bajos en azúcar, comparados con las confituras que se preparan tradicionalmente. La mayoría de estas recetas usan una combinación de azúcar y endulzantes artificiales para proporcionar una cantidad agradable de dulzura sin hacer un uso excesivo del azúcar. Algunas también usan mezclas comerciales de pudín y gelatina sin azúcar, ingredientes que ahorran mucho tiempo y vale la pena tener para la aventura de hacer sus pays y tartas bajos en azúcar.

¿Y qué hay de la base del pay? La mayoría de las bases tradicionales tienen mucha grasa. Peor aún, puede ser todo un lío hacerla. Pero éste no es el caso. Como verá, las cortezas bajas en azúcar y grasa preparadas con galletas de trigo integral u otros ingredientes saludables se hacen en un santiamén. Incluso las bases de pays enrollados se pueden hacer con un mínimo de problemas, y con menos de la mitad de la grasa de una base tradicional.

Así que saque sus moldes para pays y tartas, y prepárese para disfrutar una infinidad de delicias hechas en casa. Estará haciendo estos dulces y suaves postres una y otra vez.

# Bases para PAYS

## Pasta para pay de hojuelas de avena

Este pay tiene la mitad de grasa que la mayoría de las bases tradicionales, además de una textura ligera, suave y hojaldrada. Llene con rellenos precocidos o que requieran hornearse.

Rinde: Una pasta para pay de 9 pulgadas

1/2 taza de avena de cocimiento rápido
2/3 de taza de harina sin blanquear
3/4 de cucharadita de royal
1/8 de cucharadita de sal
2 cucharaditas de aceite vegetal
3 cucharaditas de leche descremada

1. Vierta la avena, la harina, el royal y la sal en un tazón mediano, y mézclelos. Agregue el aceite y sólo suficiente leche para formar una masa consistente, y pueda formar una bola.
2. Cubra dos pedazos de 12 × 12 de papel encerado con aerosol antiadherente para cocinar. Coloque la masa en una de las hojas de papel encerado, y moldee con palmadas un círculo de 7 pulgadas. Coloque la otra hoja de papel encerado sobre el círculo de masa, y pase un rodillo sobre la masa hasta formar un círculo de 11 pulgadas.
3. Cubra un molde para pay de 9 pulgadas con aero-

sol antiadherente para cocinar. Levante la hoja superior del papel encerado de la corteza del pay. Con la hoja inferior del papel encerado aún adherido a la masa, invierta ésta sobre el molde para pay. Despegue con cuidado el papel encerado de la corteza, y presione la base contra el molde para pay. Pellizque las orillas de la base o presione con los dientes de un tenedor para hacer una orilla decorativa.

4. Para una base prehorneada, píquela con un tenedor en intervalos de 1 pulgada, y hornee a 204°C durante 12 minutos, o hasta que esté ligeramente dorado y crujiente. Deje enfriar la base a temperatura ambiente antes de rellenar. Si no se desea una base prehorneada, rellene y hornéela como se indica en la receta.

*Información nutrimental (por ración):* Calorías: 89; carbohidratos: 11.6g; colesterol: 0; grasa: 3.8g; fibra: 1g; proteínas: 2g; sodio: 69 mg

*Cambios para diabéticos:* 3/4 de almidón, 3/4 de grasa

## Pasta para pay crujiente de nuez

Rinde: una pasta para pay de 9 pulgadas

1 taza de cereal en trocitos de cebada
1/4 de taza de nueces de castilla finamente picadas
2 cucharaditas de azúcar morena ligera
3 cucharaditas de sustituto de huevo sin grasa

Puede rellenar esta deliciosa corteza con relleno precocido o que requiere hornearse.

1. Vierta el cereal, las nueces de castilla y el azúcar morena en un tazón pequeño, y mézclelos. Incorpore el sustituto de huevo.

2. Cubra un molde para pay de 9 pulgadas con aerosol antiadherente para cocinar y, con la parte posterior de la cuchara, presione la masa contra el fondo y los lados del molde, formando una base uniforme.

3. Hornée la pasta para pay a 176°C durante 12 minutos, o hasta que las orillas se sientan duras y secas. Enfríe la base a temperatura ambiente y llene con el relleno precocido, o llene y hornee según lo indica la receta. (Observe que esta base debe prehornearse aun cuando el pay requiera hornearse más, como los pays de calabaza y camote. Cuando es necesario hornearlo más, corte 3 tiras de papel aluminio de 3 pulgadas de ancho y dóblelas sobre las orillas del pay para evitar que se dore de más.)

*Información nutrimental (por ración):* Calorías: 80; carbohidratos: 14g; colesterol: 0mg; grasa: 2g; fibra: 1.5g; proteínas: 2.4g; sodio: 105 mg

*Cambios para diabéticos:* 1 almidón, 1/2 grasa

## Pasta para pay de galletas ligeras de trigo integral

Rinde: Una pasta para pay de 9 pulgadas

8 1/2 galletas grandes (2 1/2 × 5 pulgadas) de trigo integral de chocolate o normales, bajas en grasa

Sustituto de azúcar igual a 2 cucharaditas de azúcar
2 cucharaditas de sustituto de huevo sin grasa, o 1 clara de huevo grande
Llene esta corteza con rellenos precocidos o sin cocer, como pudines.

1. Desbarate las galletas, y échelas en el tazón de un procesador de alimentos. Procese hasta que estén molidas. Mídalas, deben ser 1 1/3 de taza. (De ser necesario, ajuste la cantidad.)

2. Regrese las galletas molidas al procesador de alimentos, y agregue el sustituto de azúcar. Procese unos segundos para mezclar bien. Incorpore el sustituto de huevo o la clara de huevo, y procese hasta que se mezclen bien. El batido debe estar húmedo y desmoronado, y debe pegarse al pellizcar. Si el batido parece estar muy pegajosa, añada más galleta molida de galletas de trigo entero.

3. Cubra un molde para pay de 9 pulgadas con aerosol antiadherente para cocinar, y use la parte posterior de una cuchara para presionar la masa contra los lados y el fondo del molde, formando una base uniforme. De ser necesario, sumerja de vez en cuando la parte posterior de la cuchara en azúcar para evitar que se pegue.

4. Hornee la concha del pay a 176°C durante 10 a 12 minutos, o hasta que las orillas se sientan duras y secas. Deje enfriar la base a temperatura ambiente antes de rellenar.

*Información nutrimental (por ración):* Calorías: 75; carbohidratos: 15g; colesterol: 0mg; grasa: 0 9g; fibra: 0.6g; proteínas: 1.5g; sodio: 133 mg

*Cambios para diabéticos:* 1 almidón

## Pasta para pay de avena con coco

**Rinde: Una pasta para pay de 9 pulgadas**

2 1/4 tazas de cereal de hojuelas de avena y almendras
1/4 de taza de coco picado sin endulzar
2 cucharaditas de sustituto de huevo sin grasa
1/2 cucharadita de extracto sabor a coco

Al igual que la base de pay de galletas ligeras de trigo integral, esta base debe llenarse sólo con rellenos precocidos o sin cocer.

1. Vierta el cereal en el tazón de un procesador de alimentos, y muélalo en finas migajas. Mídalas, debe ser 1 1/8 de taza. (De ser necesario, ajuste la cantidad.)

2. Regrese el cereal molido a un procesador de alimentos y agregue el coco. Procese 20 segundos, o hasta que el coco esté finamente picado y bien mezclado. Incorpore el sustituto de huevo y el extracto de coco y procese hasta que la mezcla esté húmeda y se desmorone.

3. Cubra un molde para pay de 9 pulgadas con aerosol antiadherente para cocinar, y use la parte posterior de una cuchara para moldear la masa de manera uniforme contra los lados y el fondo del molde, formando una

base. De ser necesario, sumerja de vez en cuando la cuchara en azúcar para evitar que se pegue.

4. Hornee la base del pay a 176°C durante 12 minutos, o hasta que las orillas estén doradas. Deje enfriar la corteza a temperatura ambiente antes de rellenar.

*Información nutrimental (por ración):* Calorías: 77; carbohidratos: 13g; colesterol: 0mg; grasa: 2.2g; fibra: 1.1g; proteínas: 1.9g; sodio: 62mg

*Cambios para diabéticos:* 1 almidón, 1/2 grasa

## *PAYS, TARTAS Y PASTAS*

### Pay de calabaza tradicional

Rinde: 8 porciones

1 pasta para pay de hojuelas de avena

Relleno:

1 lata de calabaza (1 libra)

1 1/4 tazas de leche descremada evaporada

1/2 taza de sustituto de huevo sin grasa

1/4 de taza más 2 cucharaditas de azúcar morena ligera

Sustituto de azúcar morena igual a 1/4 de tazas más 2 cucharaditas de azúcar morena (página 19)

1 cucharadita de canela molida *

1/2 cucharadita de nuez moscada molida*

1/2 cucharadita de jengibre molido*

1/4 de cucharadita de clavos molidos*

1 1/2 cucharadita de extracto de vainilla

* Si lo desea, use 2 1/4 cucharaditas de especia de calabaza para pay en lugar de las cuatro especias.

1. Para hacer el relleno, vierta todos los ingredientes del relleno en una licuadora o procesador de alimentos, y mézclelos hasta que se suavicen. Eche el relleno sobre la corteza preparada.

2. Hornee a 204°C durante 15 minutos. Reduzca la temperatura a 176°C y hornee por 45 minutos más, o cuando al introducir un cuchillo con filo en el centro del pay, éste salga limpio. Si la corteza empieza a dorarse muy pronto, cubra sin apretar el pay con papel aluminio los últimos 10 minutos del horneado.

3. Deje enfriar el pay a temperatura ambiente antes de rebanar y servir. Refrigere el resto.

*Información nutrimental (por ración):* Calorías: 175; carbohidratos: 28g; colesterol: 1mg; grasa: 4g; fibra: 2.5g; proteínas: 7g; sodio: 150 mg

*Cambios para diabéticos:* 1 1/2 de almidón, 1/2 leche descremada, 3/4 grasa

## Pay de manzana

Rinde: 8 porciones

1 pasta para pay de hojuelas de avena

**Relleno:**
2 cucharaditas de azúcar
1 cucharada más 1 1/2 cucharadita de maicena
1/2 cucharadita de canela molida
1/4 de taza más 1 cucharadita de jugo de manzana sin endulzar
6 tazas de manzanas peladas y rebanadas (de 6 a 8 medianas)
1/4 de taza de pasas
Sustituto de azúcar igual a 1/4 de taza de azúcar
**Cubierta:**
1/4 de taza de cereal en trocitos de cebada
3 cucharaditas de harina pastelera de trigo integral
3 cucharaditas de azúcar morena ligera
1/2 cucharadita de canela molida
1 cucharadita de concentrado de jugo de manzana congelado y licuado

Para variar, sustituya las manzanas con duraznos y peras.

1. Para hacer la cubierta, vacíe el cereal, la harina, el azúcar morena y la canela en un tazón pequeño, y mézclelos bien. Agregue el concentrado de jugo, y bata la mezcla hasta que esté húmeda y se desmorone. Déjela a un lado.

2. Para el relleno, vierta el azúcar, la maicena y la canela en una cacerola de 4 litros, y mézclelos bien. Agrege el jugo de manzana y revuélvalos

3. Hierva todo en una cacerola a fuego medio, agi-

tando constantemente. Incorpore las manzanas y las pasas y agite uno o 2 minutos, o hasta que la fruta se cubra con un glaseado espeso. Retire la cacerola del fuego y mezcle el sustituto de azúcar.

4. Distribuya el relleno de manera uniforme en la base, y esparza la cubierta sobre el relleno. Hornee a 204°C durante 15 minutos. Reduzca la temperatura a 190°C y hornee de 30 a 35 minutos más, o hasta que el relleno haga burbujas alrededor de las orillas y la cubierta esté dorada. Si la cubierta empieza a dorarse muy pronto, cubra sin apretar el pay con papel aluminio los últimos 10 minutos del horneado.

5. Deje enfriar el pay mínimo 30 minutos antes de rebanar y servir. Sirva caliente o a temperatura ambiente.

*Información nutrimental (por ración):* Calorías: 208; carbohidratos: 40g; colesterol: 0mg; grasa: 4g; fibra: 3.4g; proteínas: 3.1g; sodio: 112 mg

*Cambios para diabéticos:* 1 almidón, 1y 1/2 fruta, 1 grasa

## Sugerencia de postres de ensueño

### *Manzanas para pays que agradan*

En las tiendas existe una gran variedad de manzanas. No obstante, muchas de las variedades crujientes y dulces que nos encanta comer pueden ablandarse cuando se cocinan. Para resultados óptimos al hacer pays y tartas, use una variedad de textura firme. Las variedades más dulces requerirán menos cantidad de azúcar adicional.

## Pay de pera y hojaldre

Rinde: 8 porciones
Corteza:
2 cucharaditas de azúcar
1/2 cucharadita de canela molida
1/4 de cucharadita de nuez moscada molida
6 hojas (14 × 18 pulgadas) de pasta hojaldrada (aproximadamente 5 onzas)
Aerosol para cocinar sabor a mantequilla
Relleno:
2 cucharaditas de azúcar
Sustituto de azúcar igual a 3 cucharaditas de azúcar
1 cucharada más 1 1/2 cucharadita de maicena
1/4 de cucharadita de canela molida
1/4 de cucharadita de nuez moscada molida
6 tazas de peras peladas y rebanadas (6 medianas)
2 cucharaditas de grosellas deshidratadas o pasas picadas

1. Para hacer el relleno, vierta el azúcar, el sustituto de azúcar, la maicena, la canela, y la nuez moscada en un tazón pequeño. Bata hasta que se mezclen bien.

2. Coloque las peras en un tazón grande. Incorpore la mezcla de azúcar con las peras, y mezcle bien. Incluya las grosellas o pasas y déjela a un lado.

3. Para hacer la base, combine el azúcar, la canela y la nuez moscada en un tazón pequeño. Déjelas a un lado.

4. Coloque la masa de pasta hojaldrada sobre una superficie limpia y seca. Cubra la masa con una envoltura de plástico para evitar que se seque durante la preparación. (Retire las hojas conforme las necesite, asegurándose de cubrir de nuevo la masa restante.)

5. Retire 1 hoja de masa de pasta hojaldrada, y colóquela sobre una superficie limpia y seca. Rocíe ligeramente la masa con aerosol para cocinar y con 1 cucharadita de la mezcla de azúcar. Cubra con otra hoja de pasta hojaldrada, rocíe con aerosol para cocinar, y distribuya la mezcla de azúcar.

6. Cubra un molde para pay de 9 pulgadas con aerosol antiadherente para cocinar y presione suavemente las dos hojas de pasta hojaldrada apiladas, dejando que los extremos se expandan sobre las orillas. Gire un poco el molde y repita el procedimiento con 2 hojas más. Gire de nuevo el molde y repita con las 2 hojas restantes.

7. Distribuya el relleno de manera uniforme en la corteza, y cubra con la masa sobrante. Rocíe ligeramente la cubierta con aerosol antiadherente para cocinar, y esparza la mezcla de azúcar restante sobre la cubierta. Con un cuchillo filoso, marque la corteza superior para formar 8 rebanadas. (Lo anterior evitará que la corteza se desbarate mucho al cortar el pay.)

8. Hornee a 176°C de 40 a 45 minutos, o hasta que la superficie esté dorada. Deje enfriar mínimo 30 minu-

tos antes de rebanar y servir. Sirva caliente o a temperatura ambiente.

*Información nutrimental (por ración):* Calorías: 157; carbohidratos: 33g; colesterol: 0mg; grasa: 1.4g; fibra: 3.3g; proteínas: 1.6g; sodio: 69mg

*Cambios para diabéticos:* 1 almidón, 1 fruta, 1/3 de grasa

## Pay de camote

Rinde: 8 porciones

1 pasta para pay crujiente de nuez

Relleno:

1 libra de camotes (2 medianos)

1 taza de leche descremada evaporada

1/2 taza de sustituto de huevo sin grasa

1/4 de taza de azúcar morena oscura

Sustituto de azúcar morena igual a 1/3 de taza de azúcar morena

2 cucharaditas de canela molida

1/2 cucharadita de nuez moscada molida

1 cucharadita de extracto de vainilla

1. Si usa un horno convencional, hornee los camotes a 204°C durante 45 minutos, o hasta que estén tiernos. Pique los camotes con un tenedor a intervalos de 1 pulgada; métalos a un horno de microondas y hornee a po-

tencia alta por 12 minutos, o hasta que estén tiernos. Déjelos enfriar. Después, retire la cáscara y córtelos en trozos de 1 pulgada.

2. Eche los camotes y los demás ingredientes del relleno en una licuadora o procesador de alimentos, y licue hasta que quedan suaves. Vierta el relleno sobra la corteza preparada. Corte tiras de papel aluminio de 3 pulgadas de ancho y doble encima de las orillas del molde para pay a fin de proteger la corteza.

3. Hornee a 176°C durante 50 minutos, o cuando al insertar un cuchillo con filo en el centro del pay salga limpio. Deje enfriar a temperatura ambiente antes de rebanar y servir. Refrigere el resto.

*Información nutrimental (por ración):* Calorías: 178; carbohidratos: 31 g; colesterol: 1 mg; grasa: 2.7g; fibra: 2.5g; proteínas: 7g; sodio: 165mg

*Cambios para diabéticos:* 2 almidón, 1/4 de leche descremada, 1/2 grasa

## Fabuloso pay de frutas

Rinde: 8 porciones

1 pasta para pay de avena con coco o base de pay crujiente de nuez

Relleno:

1 taza de fresas frescas rebanadas

2 kiwis pelados y rebanados a un grosor de 1/4 de pulgada

1 taza de plátanos rebanados
5 rebanadas de fresas (decoración)
**Glaseado:**
2 cucharadas más 1 1/2 cucharaditas de maicena
2 cucharaditas de azúcar
3/4 de taza de jugo de naranja
1 lata (8 onzas) de piña triturada en jugo, sin colar

1. Para hacer el glaseado, vacíe la maicena y el azúcar en una cacerola de 1 y 1/2 litro, y mézclelos bien. Primero bata despacio el jugo de naranja, y luego la piña triturada con todo el jugo. Cocine y agite a fuego medio hasta que la mezcla espese y burbujee. Deje enfriar por 15 minutos.

2. Distribuya la mitad de la mezcla de piña de manera uniforme sobre el fondo de la base preparada. Acomode las fresas en un círculo sobre la mezcla de piña; las rebanadas de kiwi sobre las fresas, y las rebanadas de plátano sobre el kiwi. Cubra con la mezcla de piña restante y decore con rebanadas de fresa.

3. Refrigere el pay varias horas antes de rebanar y servir, o hasta que se endurezca el glaseado. Sirva refrigerado.

*Información nutrimental (por ración):* Calorías: 157; carbohidratos: 32g; colesterol: 0mg; grasa: 2.4g; fibra: 2.5g; proteínas: 1.9g; sodio: 25 mg

*Cambios para diabéticos:* 1 almidón, 1 fruta, 1/2 grasa

## Pay de plátano de ensueño

Rinde: 8 porciones

1 pasta para pay prehorneada de galletas ligeras de trigo integral normales o de chocolate o pasta para pay de avena con coco

Relleno:

2 3/4 tazas de leche descremada

1 paquete (6 porciones) de mezcla para pudín de vainilla sin azúcar de cocción rápida

2 tazas de plátanos rebanados con un grosor de 1/4 de pulgada (2 plátanos y medio)

Cubierta:

3/4 de taza de crema batida ligera

**1**. Para hacer el relleno, use la leche descremada para preparar el pudín según las instrucciones del paquete. Retire el pudín del fuego y deje enfriar 5 minutos, agitando dos veces.

**2**. Vierta con una cuchara una tercera parte del pudín sobre el fondo de la base del pay. Cubra con los plátanos y vacíe el resto del pudín con una cuchara sobre los plátanos.

**3**. Refrigere el pay varias horas, o hasta que cuaje el relleno. Cuando esté listo para servirse, cubra cada rebanada con una cuchara copeteada de crema batida. Sírvalo frío refrigerado.

*Información nutrimental (por ración)*: Calorías: 152;

carbohidratos: 30g; colesterol: 1mg; grasa: 1.7g; fibra: 1.2g; proteínas: 4.5g; sodio: 233 mg

*Cambios para diabéticos:* 1 almidón, 1 fruta, 1/4 de leche descremada

## Pay de crema de moka

Rinde: 8 porciones

1 pasta para pay prehorneado de galletas ligeras de trigo integral con galletas de trigo integral de chocolate

Relleno:

1/4 de taza más 2 cucharaditas de leche descremada
1 sobre de gelatina sin sabor
15 onzas de queso ricotta sin grasa
1/4 de taza de azúcar
1/4 de taza de cocoa en polvo
2 cucharaditas de café instantáneo granulado
Sustituto de azúcar igual a 1/2 taza de azúcar
2 cucharaditas de extracto de vainilla
1 taza de crema batida ligera

Cubierta:

1/2 taza de crema batida ligera
Cocoa en polvo

1. Para hacer el relleno, vacíe la leche en una olla de 1 litro. Incorpore la gelatina en la leche, y deje asentar 2 minutos para que se deshaga la gelatina. Después de

2 minutos, cueza a fuego lento y agite durante 3 minutos, o hasta que la gelatina esté completamente disuelta. (No deje hervir la mezcla.), Pásela a un tazón mediano, y déjela enfriar por 20 minutos a temperatura ambiente.

**2**. Vacíe el ricotta, el azúcar la cocoa, el café granulado, el sustituto de azúcar, y el extracto de vainilla en un procesador de alimentos, y procese hasta que queda suave. Déjela a un lado.

**3**. Cuando la gelatina esté a temperatura ambiente, bata a alta velocidad con una batidora eléctrica por 2 minutos, o hasta que parezca crema batida ablandada. Añada la mezcla de ricotta, y bata lo suficiente para mezclar bien. Vierta suavemente la crema batida.

**4**. Vierta con una cuchara el batido sobre la base del pay, amontonando ligeramente en la superficie. Refrigere el pay por varias horas, o hasta que endurezca. Cuando esté listo para servirse, cubra cada rebanada con una cucharadita de crema batida ligera y una pizca de cocoa. Sírvalo frío.

*Información nutrimental (por ración):* Calorías: 169; carbohidratos: 26g; colesterol: 9mg; grasa: 3.4g; fibra: 1.1g; proteínas: 10.9g; sodio: 187 mg

*Cambios para diabéticos:* 1 almidón, 1 leche descremada, 1/2 grasa

## Pay de frambuesa de Bavaria

Rinde: 8 porciones

1 pasta para pay de galletas ligeras de trigo entero prehorneada normaleso de chocolate

Relleno:

1 sobre (4 porciones) de gelatina de frambuesa sin azúcar

1/2 taza de agua hirviendo

1 1/2 taza de queso ricotta sin grasa

3 cucharaditas de azúcar, divididas

1 cucharadita de extracto de vainilla

1 taza de frambuesas frescas o congeladas (licuadas)

1 1/2 taza de crema batida ligera

o de chocolate

1. Coloque la mezcla de gelatina en un tazón refractario pequeño, y vierta el agua hirviendo sobre ella. Agite hasta disolver por completo la gelatina. Refrigere la mezcla por 25 minutos, o hasta que cuaje un poco.

2. En un procesador de alimentos eche el ricotta, 2 cucharaditas de azúcar, y el extracto de vainilla, y procese hasta que quede suave. Deje la mezcla en el procesador.

3. Coloque las frambuesas y la cucharadita de azúcar restante en un tazón pequeño, y triture con un tenedor. Déjelo a un lado.

4. Añada la mezcla de gelatina fría a la mezcla de ricotta, y mézclelos con el procesador. Pase la mezcla a

un tazón grande, y vacíe con cuidado las frambuesas y después la crema batida.

5. Con una cuchara distribuya la mezcla sobre la base del pay, moldeando ligeramente la cubierta. Refrigere el pay varias horas antes de rebanar y servir, o hasta que endurezca. Sírvalo frío.

*Información nutrimental (por ración):* Calorías: 169; carbohidratos: 28 g; colesterol: 4 mg; grasa: 2.4 g; fibra: 1.2 g; proteínas: 9 g; sodio: 173 mg

*Cambios para diabéticos:* 1 almidón, 1 leche, 1/2 grasa

## Sensacional pay de fresa

Rinde: 8 porciones

1 pasta para pay crujiente de nuez prehorneada o pasta para pay de galletas ligeras de trigo integral normales o de chocolate

Relleno:

4 tazas de fresas frescas rebanadas

Glaseado:

3 cucharaditas de maicena

2 cucharaditas de azúcar

1 ½ taza de jugo de arándano con fresa (u otra combinación con jugo de fresa)

1 ½ cucharaditas de gelatina sin sabor

Sustituto de azúcar igual a 1/3 de taza de azúcar

1. Para hacer el glaseado, vacíe la maicena y el azúcar en una cacerola de 1 litro y mézclelos. Incorpore el jugo y hierva a fuego medio, agitando constantemente. Baje a fuego lento, cocine y agite un minuto más, o hasta que la mezcla espese y burbujee.

2. Retire la cacerola del fuego, y agréguele la gelatina sobre la mezcla de jugo. Con un batidor metálico, primero agite la gelatina y después añada el sustituto de azúcar. Deje la mezcla a un lado por 20 minutos.

3. Para hacer el relleno, coloque las fresas en un tazón grande. Agite el glaseado y vierta sobre las moras, moviendo suavemente para cubrirlas. Distribuya la mezcla de fresas de manera uniforme sobre la base preparada.

4. Refrigere el pay varias horas antes de rebanar y servir, o hasta que se endurezca el glaseado. Sírvalo frío.

*Información nutrimental (por ración):* Calorías: 152; carbohidratos: 31 g; colesterol: 0 mg; grasa: 2.4 g; fibra: 2.7 g; proteínas: 2.8 g; sodio: 107 mg

*Cambios para diabéticos:* 1 almidón, 1 fruta, 1/2 grasa

## Tarta de natilla de chabacano

Rinde: 8 porciones

1 pasta para pay de galletas ligeras de trigo integral normales o de chocolate*

Relleno:

1 3/4 de taza de leche descremada

1 paquete (4 porciones) de mezcla de pudín de vainilla instantáneo sin azúcar

**Cubierta:**

1 lata (1 libra) de chabacano en almíbar en mitades, sin colar

2 cucharaditas de azúcar

1 cucharadita de maicena

*Al hacer la base, presione la mezcla sobre el fondo y 1 pulgada hacia arriba a los lados de un molde para tartas de 9 pulgadas.

1. Para hacer el relleno, vierta la leche en un tazón mediano. Agregue la mezcla del pudín, y agite por 2 minutos con un batidor metálico o una batidora eléctrica, o hasta que el batido empiece a espesar. Vierta de inmediato el pudín en una pasta para pay fría y refrigere mínimo 10 minutos, o hasta que el pudín empiece a cuajar.

2. Escurra las mitades de chabacano, guardando el jugo y una de las mitades. Acomode las mitades de chabacano restantes, con el corte hacia abajo, sobre el pudín.

3. Vierta 1/2 taza del jugo de chabacano y la mitad de chabacano separados, el azúcar, y la maicena en una licuadora o procesador de alimentos, y licue hasta que se suavicen. Pase la mezcla a un sartén pequeño, cocine a fuego medio, y agite constantemente, hasta que la mezcla espese y burbujee. Deje enfriar por 5 minutos. Después, agite la mezcla y esparza sobre la superficie de la tarta, cubriendo las mitades de chabacano.

4. Refrigere la tarta varias horas antes de rebanar y servir, o hasta que endurezca.

*Información nutrimental (por ración):* Calorías: 147; carbohidratos: 30 g; colesterol: 1 mg; grasa: 1 g; fibra: 1.3 g; proteínas: 4 g; sodio: 227 mg

*Cambios para diabéticos:* 1 almidón, 1 fruta

## Tartas de fruta con pasta hojaldrada

Rinde: 6 porciones

Bases:

1 cucharada más 1 cucharadita de azúcar

1/4 de cucharadita de cáscara de limón deshidratada rallada

4 hojas (14 × 18 pulgadas) de pasta pasta hojaldrada (3 1/2 onzas)

Aerosol para cocinar sabor a mantequilla

Relleno:

3/4 de taza de queso crema sin grasa

1/2 taza de queso ricotta sin grasa

2 cucharaditas de azúcar

1/2 cucharadita de extracto de vainilla

2 tazas de fresas frescas rebanadas

2 cucharaditas de mermelada o jalea de fresa

2 cucharaditas de jugo de arándano o de toronja blanca

1. Para hacer las cortezas, combine el azúcar y la cáscara de limón en un tazón pequeño, y agite hasta mezclar bien. Déjelo a un lado.

2. Coloque la masa pasta hojaldrada sobre una superficie limpia y seca. Cubra la pasta con envoltura de plástico para evitar que se seque durante la preparación. (Retire las hojas conforme las necesite, asegurándose de cubrir de nuevo la masa restante).

3. Retire 1 hoja de masa de pasta hojaldrada, y colóquela sobre una superficie limpia y seca. Rocíe la masa ligeramente con el aerosol para cocinar, y salpique con 1 cucharadita de mezcla de azúcar. Cubra con otra hoja de pasta hojaldrada, rocíe con aerosol para cocinar y esparza la mezcla de azúcar. Repita la misma operación con las 2 hojas restantes.

4. Corte a lo largo las hojas de pasta hojaldrada en dos tiras de 18 pulgadas de longitud. Corte transversalmente cada tira para hacer 3 piezas, cada una de 6 × 7 pulgadas aproximadamente. Ahora debe tener 6 cuadros de pasta hojaldrada, cada uno de 4 capas.

5. Cubra seis copas de pastelillos jumbo o seis copas de 6 onzas para natilla con aerosol antiadherente. Presione suavemente cada cuadro de pasta hojaldrada dentro de cada copa, haciendo pliegues según sea necesario para ajustarlo. Presione las esquinas un poco hacia adentro.

6. Hornee a 176°C durante 8 minutos, o hasta que se dore. Retire las bases del horno y déjelas enfriar por 5 minutos. Páselas a rejillas metálicas para que se enfríen

por completo. (Observe que las cortezas pueden prepararse un día antes del que piensa servir las tartas, y guardarlas en un contenedor hermético hasta que estén listas para usarse.)

**7**. Para preparar el relleno, vierta el queso crema, el ricotta, el azúcar y el extracto de vainilla en un procesador de alimentos, y procese hasta que se ablanden. Eche 3 cucharaditas de la mezcla de queso en cada base y cubra con 1/3 de taza de fresas rebanadas.

**8**. Coloque la mermelada o jalea de frutas en un sartén pequeño y revuelva. Cocine a fuego medio, agitando constantemente hasta que esté bien caliente. Rocíe 2 cucharaditas de la mezcla de jalea sobre las fresas en cada tarta y sirva de inmediato.

*Información nutrimental (por ración):* Calorías: 192; carbohidratos: 35 g; colesterol: 1 mg; grasa: 1.4 g; fibra: 0.9 g; proteínas: 8.3 g; sodio: 228 mg

*Cambios para diabétes:* 1 almidón, 1 fruta, 1/2 leche

## Empanadas de manzana con frambuesa

Rinde: 12 empanadas

Bases

1 1/4 tazas de harina sin blanquear

1 taza de salvado de avena

2 cucharaditas de azúcar

1/2 cucharadita de royal

4 cucharaditas de margarina o mantequilla ligera baja en grasa refrigerada y en trozos
1/2 taza más 2 cucharaditas de jocoque baja o sin grasa

**Relleno:**

1 cucharadita de maicena
3 cucharaditas de jugo de manzana, separado
1 1/4 tazas de manzanas frescas peladas finamente picadas (2 medianas)
1/4 de taza de pasas
2 cucharaditas de azúcar
1/2 taza de frambuesas frescas o congeladas (sin licuar)

**Glaseado:**

1 cucharadita de clara de huevo batida
1 cucharadita de agua
1 cucharadita de azúcar

1. Para hacer el relleno, vierta la maicena y 1 cucharadita de jugo de manzana en un tazón pequeño, y agite hasta mezclar bien. Déjela a un lado.
2. Eche las 2 cucharaditas de jugo de manzana restantes y las manzanas, las pasas y el azúcar en un sartén pequeño, y mézclelo. Cubra y cocine a fuego medio lento de 5 a 7 minutos, agitando constantemente hasta que las manzanas estén tiernas.
3. Incorpore las frambuesas en la mezcla de manzana, y cocine sin tapar 1 o 2 minutos, o hasta que las frambuesas estén suaves y empiecen a desbaratarse. Vierta la mezcla de maicena, y cocine otros 2 minutos, agi-

tando constantemente, hasta que la mezcla espese y burbujee. Retire del fuego y deje enfriar a temperatura ambiente.

4. Para hacer la pasta, ponga la harina, el salvado de avena, el azúcar y el royal en un tazón mediano, y mézclelos bien. Con un cuchillo para pasta o 2 cuchillos, deshaga la margarina o mantequilla hasta que parezcan migajas gruesas y añádala a la mezcla. Bata lo suficiente hasta que se forme una masa dura que se despegue del tazón y pueda hacer una bola.

5. Pase la masa a una superficie con suficiente harina, y divida en 2 partes. Con un rodillo, aplane cada parte para formar un rectángulo de 8 × 12 pulgadas. Con un cuchillo o rueda para pizza, corte cada rectángulo en cuadros de 4 × 6 pulgadas.

6. Vacíe una cucharadita, ligeramente copeteada, de relleno en el centro de cada cuadro. Doble una esquina sobre el relleno e iguale con la esquina opuesta a fin de formar un triángulo. Selle las empanadas ondulando las orillas con los dientes de un tenedor. De ser necesario, sumerja el tenedor en azúcar para evitar que se pegue.

7. Para hacer el glaseado, coloque la clara de huevo y el agua en un tazón pequeño, y mézclelos.

8. Cubra una charola grande para hornear con aerosol para cocinar antiadherente. Con una espátula, pase las pastas a la charola para hornear. Cepille la mezcla de glaseado sobre la superficie de cada pasta. Luego,

espolvoree 1/4 de cucharadita de azúcar sobre el glaseado.

9. Hornee a 190°C durante 20 minutos, o hasta que las orillas se doren ligeramente. Pase a un platón, y sirva caliente.

*Información nutrimental (por ración):* Calorías: 132; carbohidratos: 24 g; colesterol: 0 mg; grasa: 2.7 g; fibra: 2.5 g; proteínas: 3.3 g; sodio: 74 mg

*Cambios para diabéticos:* 1 almidón, 1/2 fruta, 1/2 grasa

## Mini rollos de cereza

Rinde: 24 porciones

Bases

12 hojas (14 × 18 pulgadas) de pasta pasta hojaldrada (10 onzas)

Aerosol para cocinar sabor a mantequilla

Relleno:

3 cucharaditas de azúcar

2 cucharaditas de maicena

2 cucharaditas de jugo de toronja blanca

1 bolsa (1 libra) de cerezas congeladas picadas (sin licuar)

Sustituto de azúcar igual a 3 cucharaditas de azúcar

Cubierta:

1 1/2 cucharaditas de azúcar

1 1/2 cucharaditas de almendras finamente molidas

1. Para hacer el relleno, ponga el azúcar y la maicena en una cacerola de 1 1/2 litro, y agite hasta que estén bien mezclados. Primero incorpore el jugo, y luego las cerezas. Coloque la cacerola a fuego medio y cocine, agitando constantemente durante 5 minutos, o hasta que las cerezas se deshagan y la mezcla espese y burbujee. Retire la cacerola del fuego, agitando el sustituto de azúcar, y déjelo enfriar a temperatura ambiente.
2. Para hacer la cubierta, coloque el azúcar y las almendras en un tazón pequeño, y mézclelos. Déjelas a un lado.
3. Distribuya la masa de pasta hojaldrada en una superficie limpia y seca, con el extremo pequeño hacia usted. Corte la masa de pasta hojaldrada a lo largo por el centro para formar dos hileras, cada una de 18 × 7 pulgadas. Coloque una hilera encima de la otra para hacer una hilera de 18 × 7 pulgadas de hojas de pasta hojaldrada. Cubra la masa con plástico para evitar que se seque durante la preparación. (Retire las tiras conforme las necesite, asegurándose de cubrir de nuevo la masa restante.)
4. Retire 1 tira de la masa pasta hojaldrada, y colóquela sobre una superficie limpia y seca. Cubra ligeramente la tira con aerosol para cocinar. Doble la parte inferior hacia arriba para formar una capa doble de pasta hojaldrada que mida aproximadamente 9 × 7 pulgadas.
5. Distribuya 1 cucharadita rasa de relleno sobre el fondo de la hoja de pasta hojaldrada, dejando un margen de 2 pulgadas de cada lado. Doble las orillas izquier-

da y derecha hacia adentro a fin de tapar el relleno. Enrolle la pasta desde abajo en forma de bizcocho relleno. Repita los pasos 4 y 5 con el relleno y las hojas de pasta hojaldrada restantes para hacer 24 rollos.

6. Cubra una charola para hornear grande con aerosol antiadherente para cocinar, y acomode los rollos sobre las charolas. Rocíe ligeramente la superficie de cada pastelillo con aerosol para cocinar, y espolvoree cada uno con 1/8 de cucharadita de mezcla de almendra.

7. Hornee a 190°C durante 15 minutos, o hasta que estén un poco dorados. Déjelos enfriar mínimo 15 minutos antes de servir. Sírvalas calientes o a temperatura ambiente.

## *Sugerencia para ahorrar tiempo*

Para ahorrar tiempo el día que va a hornear los pastelillos, prepare los rollos antes, y acomódelos en una sola capa en contendores herméticos, separando las capas con hojas de papel encerado. Luego, coloque los pastelillos en el congelador hasta que los necesite. Cuando estén listos para hornearse, acomode los rollos congelados sobre una charola cubierta y deje reposar a temperatura ambiente 45 minutos antes de hornear.

*Información nutrimental (por pasta):* Calorías: 60; carbohidratos: 12 g; colesterol: 0 mg; grasa: 1 g; fibra: 0.5 g; proteínas: 1 g; sodio: 46 mg

*Cambios para diabéticos:* 3/4 almidón

## Pastas hojaldradas de manzana

Rinde: 40 pastas

Bases

20 hojas (14 × 18 pulgadas) de pasta pasta hojaldrada (1 libra)

1/2 taza más 2 cucharaditas de margarina o mantequilla ligera baja en grasa derretida

Relleno:

5 tazas de manzanas peladas y finamente picadas (7 medianas)

1/3 de taza de pasas o arándanos deshidratados

1 taza de jugo de manzana, separado

2 cucharaditas de azúcar morena

1 cucharadita de canela molida

2 cucharaditas de maicena

Cubierta:

1 cucharada más 2 cucharaditas de azúcar

1/2 cucharadita de canela molida

1. Para hacer el relleno, coloque las manzanas, pasas o arándanos deshidratados, 3/4 de taza de jugo de manzana, el azúcar morena y la canela en una cacerola de 2 litros. Mezcle bien y hierva a fuego alto. Baje la temperatura, tape, y deje hervir a fuego lento por 5 minutos, o hasta que las manzanas estén suaves.

2. En un tazón pequeño, incorpore la maicena y el 1/4 de taza de jugo de manzana restante. Añada esta

mezcla a las manzanas cocidas, y agite a fuego lento por 30 segundos, o hasta que espese. Déjelos enfriar a temperatura ambiente.

3. Para hacer la cubierta, ponga el azúcar y la canela en un tazón pequeño, y mézclelos bien. Déjelo a un lado.

4. Coloque la masa de pasta hojaldrada sobre una superficie limpia y seca. Corte la masa a lo largo en 4 tiras largas, cada una de 3 1/2 × 18 pulgadas. Cubra la masa con envoltura de plástico para evitar que se seque durante la preparación. (Retire las tiras conforme las necesite, asegurándose de cubrir de nuevo la masa restante.)

5. Retire 2 tiras de la masa de pasta hojaldrada y apile una encima de la otra, colocando la hilera plana sobre una superpficie limpia y seca. Cepille ligeramente la tira superior con la margarina derretida. Esparza una cucharadita rasa del relleno sobre la esquina inferior derecha de la doble tira de pasta hojaldrada. Doble hacia arriba la esquina rellena y sobre la izquierda, de tal modo que la esquina se una al lado izquierdo de la tira. Continúe doblando hasta formar un triángulo de masa. Repita la misma operación con el relleno y la masa restante.

6. Cubra una charola para hornear grande con aerosol antiadherente para cocinar, y acomode las pastas sobre la charola con la unión hacia abajo. Cepille ligeramente la superficie de cada pasta con margarina derretida, y espolvoree cada una con 1/8 de cucharadita de la cubierta.

7. Hornee a 190°C de 15 a 18 minutos, o hasta que

se doren un poco. Déjelos enfriar mínimo 15 minutos antes de servir. Sírvalas calientes o a temperatura ambiente.

*Información nutrimental (por pasta):* Calorías: 65; carbohidratos: 11 g; colesterol: 0 mg; grasa: 1.5 g; fibra: 0.5 g; proteínas: 0.9 g; sodio: 65 mg

*Cambios para diabéticos:* 3/4 de fruta, 1/3 de grasa

## *Sugerencia para ahorrar tiempo*

Al igual que con los mini rollos de cereza, estas pastas se pueden preparar desde antes y congelar cuando estén listas para hornearse.

# Budines Cremosos, Mousses

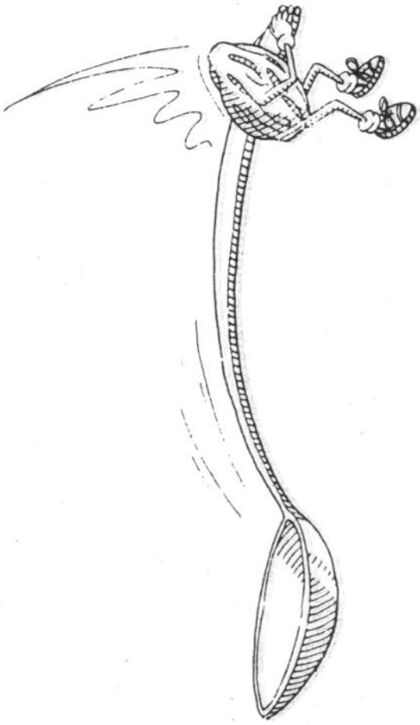

Ricos, cremosos y tentadores, los budines están entre los postres más populares y versátiles. Los budines sencillos y nutritivos y los flanes horneados son bocadillos saludables o la dulce conclusión de una cena familiar. Un mousse elegante es el final perfecto cuando usted quiere un postre para esas ocasiones especiales. Como verá más adelante, los budines también son un delicioso y suave relleno para los pays.

Por desgracia, muchos de ellos tienen gran cantidad de grasa y azúcar no saludables. Encabezan las recetas tradicionales la leche entera, crema, yemas de huevo y azúcar. Un plato de mousse de chocolate preparado en forma tradicional contiene ¡hasta ocho cucharaditas de azúcar y veinticinco gramos de grasa! una sola ración.

Las buenas noticias son que los budines son de las comidas de más fácil preparación con poca o sin azúcar. Este capítulo ofrece una placentera colección de postres cremosos, desde el elegante mousse de moca hasta el tradicional budín de arroz. Estas delicias son adecuadas para una gran variedad de ocasiones y pueden adaptarse con facilidad a sus planes usando varios tipos de leche, azúcar y fruta.

¿Cómo fue posible reducir el azúcar y la grasa sin sacrificar esa cremosa consistencia o ese gran sabor? Como usted verá, estas recetas con frecuencia combinan cantidades pequeñas de azúcar con endulzantes sin calorías para obtener la dulzura, el sabor y la textura óptima con mucho menos azúcar que las recetas tradicionales. A menudo, las frutas frescas y los jugos de frutas agregan mayor dulzura. De hecho, la mayor parte de estas recetas contienen menos de 3 cucharaditas de azúcar por porción. La grasa se mantiene a un mínimo absoluto usando leche descremada, yoghurt sin grasa, queso ricotta y queso crema sin grasa, y otros productos lácteos libres de grasas. El resultado es una selección de postres bajos en azúcar y bajos en grasas que son tan nutritivos como tentadores y sabrosos.

La prueba de esto es el budín. Así que hágase un cómodo platillo cremoso y disfrute un bocadillo, tan increíblemente dulce, que se le hará difícil creer que además está ¡libre de remordimientos!

## Quitándole la grasa a sus recetas de budines

Es una lástima que la mayor parte de las recetas de budines estén saturadas de grasa y colesterol, ya que si se preparan apropiadamente, son un excelente postre bajo en grasas. Por suerte, es fácil convertirlos en un alimento saludable. Use la siguiente tabla para reemplazar los ingredientes altos en grasa, como huevos y crema, con ingredientes sin o bajos en grasas. Verá que cualquier budín puede ser ultraligero sin sacrificar esa cremosidad que le encanta.

## Cremoso budín de tapioca

Rinde: 5 porciones
3 tazas de leche descremada
1/2 taza de leche en polvo sin grasa
1/3 de taza de tapioca en gránulos pequeños
1/4 de taza de azúcar
1/2 taza de sustituto de huevo sin grasa
1 cucharadita de extracto de vainilla
Sustituto de azúcar equivalente a 2 cucharaditas de azúcar
Nuez moscada molida (decoración)

1. Ponga la leche descremada y la leche en polvo sin grasa en una olla de 2 litros y revuelva para disolver la leche en polvo. Añada la tapioca y revuélvala.
2. Sin dejar de revolver, caliente la mezcla a fuego moderado hasta que hierva. Baje la llama y hierva por 5 minutos, revuelva de vez en cuando hasta que la tapioca esté cristalina. Agruegue el azúcar.
3. Ponga el sustituto de huevo en un tazón pequeño, mezcle con 1/2 taza de la mezcla de tapioca caliente. Regrese la mezcla a la olla, y cocine a fuego bajo, sin dejar de agitar por 2 minutos más, o hasta que la mezcla esté ligeramente espesa. No deje hervir.
4. Quite la olla del fuego, agregue el extacto de vainilla y el sustituto de azúcar. Deje enfriar por 15 minutos.
5. Divida el pudín caliente en 5 platos de 8 onzas y déjelos enfriar por varias horas, o hasta que su consisten-

cia sea espesa y cremosa. (Esta mezcla espesará al enfriarse.) Adorne cada plato con una pizca de nuez moscada y sirva de inmediato. Refrigere cualquier sobrante.

*Información nutrimental (por raciónde 3/4 de taza):* Calorías: 163; carbohidratos: 30 g; colesterol: 4 mg; grasa: 0.3 g; fibra: 0.1 g; proteína: 10 g; sodio: 153 mg.

*Cambios para diabéticos:* 1 almidón, 1 leche descremada

## Budín de tapioca y piña

Rinde: 6 porciones

2 1/2 tazas de leche descremada
1/3 de taza de leche en polvo sin grasa
1/4 de taza más 2 cucharadas de tapioca en granos pequeños
1/4 de taza de azúcar
1/2 taza más 2 cucharadas de sustituto de huevo sin grasa
1 lata (8 onzas) de piña machacada en jugo, sin colar
1 cucharadita de extracto de vainilla
Sustituto de azúcar equivalente a 2 cucharaditas de azúcar

1. Ponga la leche descremada y la leche en polvo sin grasa en una olla de 2 litros y agite para disolver la leche en polvo. Añada la tapioca y revuélvala.
2. Sin dejar de revolver, hierva la mezcla a fuego

moderado primero y baje después a fuego lento, hierva por 5 minutos, revuelva de vez en cuando hasta que la tapioca se vuelva cristalina. Agregue el azúcar.

3. Ponga el sustituto de huevo en un tazón pequeño y revuelva con 1/2 taza de la mezcla de tapioca caliente. Regrese la mezcla a la olla y caliente a fuego lento, sin dejar de revolver por 2 minutos más, o hasta que la mezcla espese más. No deje hervir la mezcla.

4. Quite la olla del fuego y agregue la piña y el jugo, el extracto de vanilla y el sustituto de azúcar. Déjelo enfriar por 15 minutos.

5. Divida el budín caliente en seis platos de 8 onzas y déjelos enfriar por varias horas o hasta que esté espeso y cremoso. (Esta mezcla se espesa más al enfriarse.) Sírvalo frío, refrigerando cualquier sobrante.

*Información nutrimental (por ración por 3/4 taza):* Calorías: 151; carbohidratos: 30 g; colesterol: 2 mg; grasas: 0.2 g; fibra: 0.3 g; proteína: 7.5 g; sodio: 115 mg.

*Cambios para diabéticos:* 1/2 almidón, 1 fruta, 1/2 leche descremada

## Budín con manzanas y pasas

Rinde: 8 porciones

6 rebanadas de pan de trigo integral o multigrano duro
1 1/4 tazas de manzana picada
1/4 de taza de pasas

1/4 de taza más 2 cucharaditas de azúcar
1/2 cucharadita de canela molida
2 tazas de leche decremada
3/4 de taza de sustituto de huevo sin grasa
1 1/2 cucharaditas de extracto de vainilla

1. Corte el pan en cubos de media pulgada, deben ser 6 tazas. (Ajuste la cantidad si es necesario.)

2. Ponga los cubos en un tazón grande. Agregue las manzanas y las pasas y mézclelos. Déjelos a un lado.

3. Ponga el azúcar y la canela en un tazón mediano y revuelva bien. Agregue la leche, el sustituto de huevo, el extracto de vainilla y revuelva bien. Vierta la mezcla de leche sobre los cubos de pan, mezcle con cuidado. Déjelos reposar a temperatura ambiente por 10 minutos.

4. Cubra una olla de 1 1/2 litros con aerosol antiadherente para cocinar y vierta la mezcla de pan. Ponga la olla en un sárten con una pulgada de agua caliente.

5. Hornee sin cubrir a 176°C durante 1 hora y 10 minutos, o hasta que al introducir un cuchillo filoso en el centro salga limpio. Déjelos enfriar por 20 minutos a temperatura ambiente. Sirva caliente o a temperatura ambiente, refrigere cualquier sobrante.

*Información nutrimental (por ración de 3/4 de taza):* Calorías: 189; carbohidratos: 37 g; colesterol: 1 mg; grasa: 0.8 g; fibra: 2.5 g; proteína: 8 g; sodio: 198 mg.

*Cambios para diabéticos:* 1 almidón, 1 fruta, 1/2 leche descremada

## Flan cremoso al horno

Rinde: 6 porciones
2 tazas de leche descremada
1 taza de leche evaporada descremada
1 taza de sustituto de huevo sin grasa
1/2 taza de azúcar
2 cucharaditas de extracto de vainilla
Nuez moscada molida

1. Ponga todos los ingredientes, excepto la nuez moscada, en la licuadora o un pocesador de alimentos y mezcle bien por 30 segundos.
2. Cubra una olla de 1 1/2 litros con aerosol antiadherente para cocinar. Vierta la mezcla y esparza sobre ella la nuez moscada. Ponga la olla en un sartén con 1 pulgada de agua caliente.
3. Horne sin cubrir a 176°C durante 1 hora y 20 minutos. Cuando esté listo, introduzca un cuchillo filoso en la parte del centro, y deberá salir limpio. Permita que se enfríe a temperatura ambiente durante 30 minutos. Cubra y refrigere por varias horas o toda la noche antes de servirlo. Refrigere cualquier sobrante.

*Información nutrimental (por ración de 2/3 de taza):* Calorías: 146; carbohidratos: 26 g; colesterol: 3 mg; grasa: 0.2 g; fibra: 0 g; proteína: 10 g; sodio: 158 mg.

*Cambios para diabéticos:* 1 almidón, 3/4 leche descremada

## Mousse de moka

Rinde: 6 porciones
1 taza de leche descremada, dividida
1/2 sobre de gelatina sin sabor
1/2 taza de leche en polvo instantánea sin grasa
1 taza de azúcar
1 1/2 tazas de queso ricotta
1/4 de taza de licor de café
1/4 de taza de cocoa en polvo
Sustituto de azúcar equivalente a 1/4 de taza de azúcar
1 cucharadita de extracto de vainilla
1 taza de crema batida ligera
**Cubierta:**
1/4 de taza más 2 cucharaditas de crema batida ligera
1/2 cucharadita de polvo de cocoa

1. Ponga 1/2 taza de leche en una olla de 1 litro. Espolvoree la gelatina sobre la leche y déjela aparte durante 2 minutos para que se pueda disolver.
2. Ponga la mezcla de gelatina a fuego lento y cocine sin dejar de revolver hasta que se disuelva por completo la gelatina. (No deje hervir.) Retire la olla del fuego y agregue el resto de la leche descremada, la leche en polvo sin grasa y el azúcar.
3. Pase la mezcla a un tazón mediano y refrigere por 25 minutos o hasta que la mezcla esté ligeramente cuajada. Con una batidora eléctrica, bata la mezcla de gelati-

na refrigerada a alta velocidad por 4 minutos o hasta que parezca crema batida.

4. Mientras la mezcla de gelatina se refrigera, ponga el ricotta, el licor, la cocoa, el sustituto de azúcar y el extracto de vainilla en la licuadora y mézclelos hasta que quede una pasta uniforme. Envuelva suavemente la mezcla de ricotta en la de la gelatina. Después envuélvala en la cubierta batida.

5. Divida el mousse en seis copas champañeras de 10 onzas. Refrigere hasta que estén cuajadas. Ya para servir, cubra cada mousse con una cucharadita de crema batida ligera y espolvoree con cocoa en polvo. Sirva de inmediato y refrigere cualquier sobrante.

*Información nutrimental (por ración de copa):* Calorías: 194; carbohidratos: 28 g; colesterol: 12 mg; grasa: 2.5 g; fibra: 1.2 g; proteína: 14 g; sodio: 150 mg.

*Cambios para diabéticos:* 1 almidón, 1 leche descremada, 1/2 grasa

## Mousse de queso con fresas

Rinde: 8 porciones

1 paquete (para 4 porciones) de mezcla de gelatina de fresa sin azúcar
1 taza de azúcar
1/3 de taza de agua hirviendo
1 barra (8 onzas) de queso crema sin grasa

1 taza de queso ricotta sin grasa
Sustituto de azúcar equivalente a 1/4 de taza de azúcar
1 1/2 tazas de fresas frescas machacadas (3 tazas en rebanadas), divididas
1 1/ 4 de taza de crema batida ligera

**Cubierta:**

8 fresas enteras frescas

1. Ponga la gelatina y el azúcar en un tazón grande y mézclelos bien. Vierta el agua hirviendo sobre la mezcla de gelatina y agite hasta que la gelatina y azúcar se disuelvan. Déjela enfriar a temperatura ambiente.
2. Mientras tanto, ponga el queso crema, el ricotta, el sustituto de azúcar y la 1/2 taza de fresas machacadas en una licuadora y licue hasta que quede una mezcla uniforme. Déjela a un lado.
3. Con una batidora eléctrica, bata la mezcla de gelatina refrigerada por 3 minutos o hasta que tenga cosistencia de crema batida suave. Revuelva en forma envolvente la mezcla de queso con la de gelatina. Después haga lo mismo con el resto de las fresas machacadas, y después la crema batida.
4. Divida la mezcla en ocho copas champañeras de 10 onzas. Refrigere hasta que estén cuajadas. Ya para servir, cubra cada mousse con una fresa entera. Sirva de inmediato y refrigere el sobrante.

*Información nutrimental (por ración por copa):* Calorías: 127; carbohidratos: 19 g; colesterol: 7 mg; grasa: 1.5 g; fibra: 1.1 g; proteína: 10 g; sodio: 186 mg.

*Cambios para diabéticos:* 1/2 fruta, 1 leche descremada

## Delicias tiramisu

Rinde: 4 porciones
4 rebanadas (cada una de 3/4) de pastel sin grasa
Mezcla de fruta:
1 1/2 tazas de fresas frescas o congeladas (licuadas)
Sustituto de azúcar equivalente a 1 cucharada de azúcar
Mezcla de ricotta:
1 y 1/4 tazas de queso ricotta sin grasa
Sustituto de azúcar equivalente a 2 cucharaditas de azúcar
3/4 de cucharadita de extracto de vainilla
Mezcla de licor:
2 cucharaditas de licor de café
1 cucharadita de cocoa en polvo
Cubierta:
1/4 de taza más 2 cucharaditas de cubierta batida ligera
1/4 de cucharadita de cocoa en polvo

1. Para hacer la mezcla de fruta, coloque las fresas y el sustituto de azúcar en un tazón pequeño y revuelva con un tenedor. Déjelas a un lado.

2. Para hacer la mezcla de ricotta, coloque el ricotta,

el sustituto de azúcar y el extracto de vainilla en un procesador de alimentos y mézclelos bien. Déjelo a un lado.

3. Para hacer la mezcla de licor, combine el licor y la cocoa en un tazón pequeño y revuélvalos bien. Déjelo a un lado.

4. Para formar los postres, desmorone la mitad de la rebanada del pastel al final de cada una de las cuatro copas de 10 onzas. Cubra el pastel con 1 1/2 cucharada de mezcla de frutas, 1 1/2 cucharada de mezcla de ricotta y 1 cucharadita de mezcla de licor. Repita la operación y cubra cada postre con 1 1/2 cucharadas de cubierta y espolvoree cocoa. Sirva de inmediato, refrigere lo que sobre.

*Información nutrimental (por ración):* Calorías: 159; carbohidratos: 23 g; colesterol: 12 mg; grasa: 1.1 g; fibra: 1.2 g; proteínas: 12.3 g; sodio: 302 mg

*Cambios para diabéticos:* 1/2 almidón, 1/2 fruta, 1 leche descremada

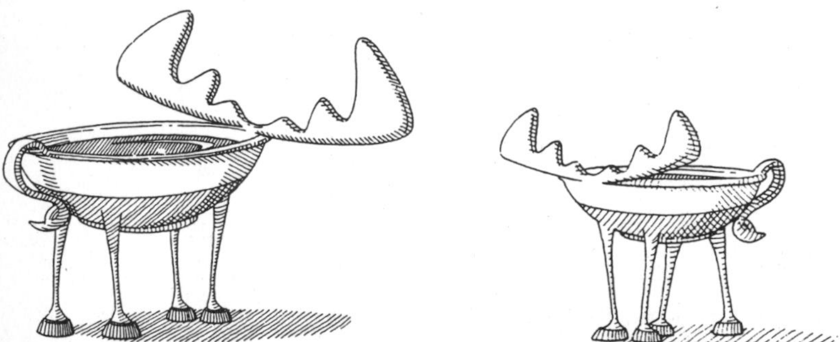

# Galletas colosales

Las galletas son el deleite perfecto cuando se desea un bocado de algo dulce. Una galleta tostada y crujiente es justo el complemento perfecto para una taza humeante de café. Y una galleta de harina de avena suave es un refrigerio muy adecuado a media mañana.

Por desgracia, la mayoría de las galletas tienden a tener proporciones más elevadas de grasa y azúcar que otros dulces y por esa razón no tienen cabida en una dieta para diabéticos o en ninguna otra dieta. ¿Esto quiere decir que se debe renunciar a estos sabrosos deleites o comprometer la calidad? ¡Por supuesto que no! Cuando las galletas se hacen correctamente, pueden proporcionar tanto una buena nutrición como un gran sabor con un mínimo de grasa y azúcar. La prueba está en las recetas presentadas en este capítulo. A diferencia de la mayoría de las recetas, éstas se caracterizan por ingredientes saludables como harina de trigo, salvado de avena y germen de trigo. Precisamente lo importante de estas recetas es que tienen un mínimo de grasa. Las añadiduras saludables como concentrados de jugo de fruta, frutas en puré y camotes reemplazan mucho la grasa y al mismo tiempo reducen la necesidad de azúcar refinada. También la margarina baja en grasa y la mantequilla ligera son ingredientes que reducen la grasa, y ayudan a que estos dulces retengan la textura que a usted le gusta.

¿Qué pasa con el azúcar? Es casi imposible hacer una buena galleta sin al menos algo de azúcar, ya que ésta agrega no sólo endulzante sino también textura. Las antiguas recetas para diabéticos eliminaban en su mayoría el azúcar y en su lugar usaban endulzantes artificiales. Sin embargo, para obtener la consistencia deseada, estas recetas por lo general tenían que incluir una cantidad nociva de grasa.

Según los nuevos lineamientos de las dietas para diabéticos, las recetas en este capítulo contienen azúcar, pero proporcionan 25 por ciento menos que las recetas tradicionales. Incluir frutas; especias como vainilla y nuez moscada; y granos ligeramente dulces como avena y salvado de avena reduce la necesidad de agregar azúcar al mismo tiempo que se conserva la dulzura y delicia de las galletas.

El análisis de nutrición proporcionado para cada receta le permitirá adaptar fácilmente estos deleites en su plan alimenticio. Por ejemplo, cada una de la mayor parte de estas galletas equivale a un cambio o quizá a la mitad de uno de almidón. Es decir, puede ahorrar uno de sus cambios de almidón de la comida y, sin sentirse culpable, disfrutar un deleite tentador que satisfaría aun al más exigente de los monstruos come galletas.

## Galletas de chocolate con chispas de chocolate

Rinde: 42 galletas

1/4 de taza más 2 cucharaditas de margarina baja en grasa o mantequilla ligera
3/4 de taza más 2 cucharaditas de azúcar morena ligera
3 cucharaditas de sustituto de huevo sin grasa
1 cucharadita de extracto de vainilla
1 taza de harina de trigo integral para pasteles
1/4 de taza de cocoa en polvo procesada holandesa
1/2 cucharadita de bicarbonato
1/2 cucharadita de royal
1/2 taza de chispas de chocolate
1/2 taza de nueces de castilla, nueces o almendras picadas

1. Coloque la margarina o mantequilla y el azúcar morena en el tazón de un procesador de alimentos o batidora eléctrica y mézclelos bien. Agregue el sustituto de huevo y el extracto de vainilla y bata para obtener una mezcla uniforme.

2. Coloque la harina, la cocoa, el bicarbonato y el royal en un tazón mediano y mézclelos bien. Incorpore la mezcla de harina con la de margarina. Agrege las chispas de chocolate y las nueces.

3. Cubra una charola para hornear con aerosol antiadherente para cocinar. Eche cucharadas copeteadas

de masa sobre la charola, dejando un espacio de 1 y 1/2 pulgadas entre cada galleta.

4. Hornee a 148°C de 16 a 18 minutos o hasta que estén doradas. Deje enfriar las galletas en la charola durante un minuto. Luego, cámbielas a una rejilla y déjelos enfriar. Sirva de inmediato o guárdelas en un recipiente hermético.

*Información nutrimental (por galletta):* Calorías: 49; carbohidratos: 7 g; colesterol: 0 mg; grasa: 2.4 g; fibra: 0.7 g; proteínas: 1 g; sodio: 30 mg

*Cambios para diabéticos:* 1/2 almidón, 1/2 grasa

## Galletas doradas de harina de avena

Rinde: 45 galletas

1/2 taza de margarina baja en grasa o mantequilla ligera
1 taza de azúcar morena ligera
3 cucharaditas de sustituto de huevo sin grasa
1 cucharadita de extracto de vainilla
1 taza de harina de trigo integral para pasteles
1 taza de avena de cocción rápida
3/4 de cucharadita de bicarbonato
1/2 cucharadita de royal
1/2 taza de pasas, arándanos deshidratados o fruta deshidratada picada
1/2 taza de nueces, nueces de castilla o almendras picadas

1. Coloque la margarina o mantequilla y el azúcar morena en el tazón de un procesador de alimentos o batidora eléctrica y mézclelos bien. Agregue el sustituto de huevo y extracto de vainilla, mézclelos hasta que quede una pasta uniforme.

2. Agregue la harina, la avena, el bicarbonato y el royal en un tazón mediano y mézclelos bien. Vierta la mezcla de harina con la de mantequilla y revuélvalos bien. Incorpore las pasas u otras frutas y las nueces.

3. Cubra una charola para hornear con aerosol antiadherente para cocinar. Distribuya cucharaditas copeteadas de masa en la charola, dejando un espacio de 1 1/2 pulgadas entre cada galleta. Aplane ligeramente cada galleta con la punta de una cuchara.

4. Hornee a 148°C de 16 a 18 minutos o hasta que se doren. Deje enfriar las galletas en la charola durante un minuto. Luego cámbielas a una rejilla y déjelos enfriar. Sirva de inmediato o guárdelas en un recipiente hermético.

*Información nutrimental (por gallletta):* Calorías: 52; carbohidratos: 8 g; colesterol: 0 mg; grasa: 2 g; fibra: 0.7 g; proteínas: 1.1g; sodio: 37 mg

*Cambios para diabéticos:* 1/2 almidón, 1/2 grasa

## Galletas de arándano y naranja

Rinde: 38 galletas

1/4 de taza de margarina o mantequilla
1/2 taza más 2 cucharaditas de azúcar
1 clara de huevo
2 cucharadas más 2 cucharaditas de concentrado de jugo de naranja congelado, licuado
1 cucharadita de extracto de vainilla
1 1/2 tazas de harina sin blanquear
1/2 taza de salvado de avena
1 cucharadita de bicarbonato
1 cucharadita de ralladura de cáscara de naranja deshidratada
3/4 de taza de arándanos frescos o congelados (sin licuar), picados en pedazos gruesos
1/2 taza de nuez tostada picada

1. Coloque la margarina o mantequilla y el azúcar en el tazón de un procesador de alimentos o batidora y mézclelos bien. Agregue la clara de huevo, el concentrado del jugo y el extracto de vainilla y mézclelos.

2. Agregue la harina, el salvado de avena, el bicarbonato y la cáscara de naranja en un tazón mediano y revuélvalos. Incorpore la mezcla de harina con la de mantequilla. Agregue los arándanos y las nueces de castilla y procese sólo lo suficiente para que se mezclen.

3. Cubra una charola para hornear con aerosol an-

tiadherente para cocinar. Con las manos, dé forma a la masa en pequeñas bolas de 1 pulgada y colóquelas en la charola, dejando un espacio de 1 y 1/2 pulgadas de distancia entre ellas. (Si la masa está demasiado pegajosa, déjela en el congelador durante unos minutos.) Con la base de un vaso sumergida en azúcar, aplane las galletas hasta un grosor de 1/4 de pulgada.

4. Hornee a 135°C de 22 a 25 minutos. Revise que estén bien cocidas, levantando una galleta de la charola con la espátula. El fondo debe estar dorado. Deje enfriar las galletas durante un minuto en la charola. Luego cámbielas a una rejilla y déjelas enfriar. Sirva de inmediato o guárdelas en un recipiente hermético y colóquelas en capas sencillas separadas por papel encerado.

*Información nutrimental (por galletta):* Calorías: 58; carbohidratos: 8.5 g; colesterol: 0 mg; grasa: 2.4 g; fibra: 0.5 g; proteínas: 1 g; sodio: 45 mg

*Cambios para diabéticos:* 1/2 almidón, 1/2 grasa

## *Sacar provecho de las nueces*

Las nueces hacen crujientes, dan gran sabor y nutrientes esenciales, a todo tipo de alimentos horneados. Por desgracia, también tienen grasa. Pero usted puede reducir la grasa a la mitad, sin quitar la mitad de sabor, con sólo tostar las nueces antes de incluirlas en la receta. El tostado intensifica el sabor de éstas tanto que con frecuencia puede dividir la cantidad recomendada a la mitad.

Sólo distribuya las nueces en una capa sencilla sobre una charola y hornéelas a 176°C durante 10 minutos o hasta que perciba un color ligeramente tostado y un aroma a nueces. Para ahorrar tiempo, tueste bastantes y el resto guárdelo en un recipiente hermético en el refrigerador durante varias semanas o en el congelador por meses.

## Galletas de mantequilla de cacahuate a la antigua

Rinde: 42 galletas

1/2 taza más 2 cucharaditas de mantequilla de cacahuate cremosa
3/4 de taza de azúcar morena ligera
1/2 taza de salsa de manzana sin endulzar o alimento para bebé de chabacano
2 cucharaditas de extracto de vainilla
1 3/4 tazas de harina de trigo integral para pasteles
3/4 de cucharadita de bicarbonato.

1. Coloque la mantequilla de cacahuate y el azúcar morena en el tazón de un procesador de alimentos o batidora eléctrica y mézclelos bien. Agregue la salsa de manzana o chabacanos y extracto de vainilla y mézclelos.

2. Incorpore la harina y bicarbonato en un tazón mediano y revuélvalos. Añada la mezcla de la harina a la de

mantequilla de cacahuate y mézclelos hasta que la masa forme una bola.

3. Cubra una charola para hornear con aerosol antiadherente para cocinar. Con sus manos, haga pequeñas bolitas de masa de 1 pulgada y colóquelas en la charola dejando 1 y 1/2 pulgadas entre ellas. (Si la masa está demasiado pegajosa, déjela en el congelador durante unos minutos.) Presione con los dientes de un tenedor de forma entrecruzada en la superficie de cada bola, aplanándolas hasta llegar a un grosor de 1/4 de pulgada. (Sumerja el tenedor en azúcar y páselo entre las galletas para evitar que se peguen.)

4. Hornee a 163°C de 10 a 12 minutos. Revise que estén bien cocidas levantando cada galleta con la espátula. La parte de abajo debe estar dorada. Déjelas enfriar en la charola durante un minuto. Luego cámbielas a una rejilla y permita que se enfríen por completo. Sirva de inmediato o guárdelas en un recipiente hermético.

*Información nutrimental (por galletta):* Calorías: 49; carbohidratos: 7.1 g; colesterol: 0 mg; grasa: 1.9 g; fibra: 0.7 g; proteínas: 1.4 g; sodio: 32 mg

*Cambios para diabéticos:* 1/2 almidón, 1/3 de grasa

## Galletas de moca y almendra

Rinde: 45 galletas

1/2 taza de margarina baja en grasa o mantequilla ligera
1 taza de azúcar morena ligera

1 clara de huevo
1 cucharadita de extracto de vainilla
1 cucharadita de extracto de almendras
1 1/2 tazas de harina de trigo integral para pasteles
2/3 de taza de salvado de avena
1/4 de taza más 2 cucharaditas de cocoa en polvo
1 1/2 cucharaditas de café granulado instantáneo
3/4 de cucharadita de bicarbonato
2/3 de taza de almendras picadas muy finas

1. Coloque la margarina o mantequilla y el azúcar morena en el tazón de un procesador de alimentos o batidora eléctrica y agite hasta obtener una mezcla uniforme. Incorpore la clara de huevo y los extractos, y siga batiendo.

2. Coloque la harina, avena de salvado, la cocoa, el café granulado y el bicarbonato en un tazón mediano y revuélvalos. Agregue la mezcla de la harina a la de mantequilla y agite hasta mezclar bien.

3. Con las manos, dé forma a la masa en pequeñas bolas de 1 pulgada. (Si la masa está demasiado pegajosa, colóquela en el congelador durante unos minutos.) Coloque las nueces en un pequeño plato extendido y pase las bolitas sobre las nueces para cubrir todos los lados.

4. Cubra la charola para hornear con aerosol antiadherente para cocinar y coloque las bolitas en la charola preparada, dejando entre ellas 1 y 1/2 pulgadas. Con la

base de un vaso, aplane cada bolita hasta obtener un grosor de 1/4 de pulgada.

5. Hornee a 148°C de 16 a 18 minutos. Para revisar si están bien cocidas, levante la galleta de la charola con una espátula. El fondo debe estar dorado. Déjelas enfriar en la charola durante un minuto. Luego cámbielas a las rejillas y permita que se enfríen totalmente. Sirva de inmediato o guárdelas en un recipiente hermético.

*Información nutrimental (por galleta):* Calorías: 50; carbohidratos: 8 g; colesterol: 0 mg; grasa: 2 g; fibra: 1.1 g; proteínas: 1.4 g; sodio: 33 mg

*Cambios para diabéticos:* 1/2 almidón, 1/3 de grasa

## Galletas de azúcar morena y especias

Rinde: 42 galletas

1/4 de taza de margarina o mantequilla
1 taza de azúcar morena ligera
1/4 de taza de alimento para bebé de chabacano o plátano machacado
1 clara de huevo
2 cucharaditas de extracto de vainilla
1 taza de salvado de avena
1 1/2 tazas de harina de trigo integral para pasteles
1 cucharadita de bicarbonato
3/4 de cucharadita de canela molida

1/2 cucharadita de pimienta inglesa molida
42 mitades de nueces de castilla (opcional)*

*Al agregar las nueces aumenta 10 calorías y 1 gramo de grasa por galleta.

1. Coloque la margarina o mantequilla y el azúcar morena en el tazón de un procesador de alimentos o batidora eléctrica y agite hasta obtener una mezcla uniforme. Incorpore los plátanos o chabacanos, la clara de huevo y el extracto de vainilla, mézclelos bien.

2. Incorpore el salvado de avena, la harina, el bicarbonato y las especias en un tazón mediano y mézclelos bien. Añada la mezcla del salvado de avena a la de margarina y mezcle bien la masa hasta formar una bola. (Agregue un poco más de chabacano o plátano si la mezcla se ve muy seca.)

3. Cubra una charola para hornear con aerosol antiadherente para cocinar. Con las manos, haga pequeñas bolitas de masa de 1 pulgada y colóquelas en la charola dejando 1 y 1/2 pulgadas entre ellas. (Si la masa está demasiado pegajosa, déjela en el congelador durante unos minutos.) Con la base de un vaso sumergida en azúcar, aplane cada bola hasta llegar a un grosor de 1/4 de pulgada. Si lo desea, presione una mitad de nuez en el centro de cada galleta para aplanarla.

4. Hornee a 148°C de 16 a 18 minutos. Revise que estén bien cocidas levantando cada galleta con la espátula. El fondo debe estar dorado. Déjelas enfriar en la

charola durante un minuto. Luego cámbielas a una rejilla y déjelas enfriar por completo. Sirva de inmediato o guárdelas en un recipiente hermético.

*Información nutrimental (por galletta):* Calorías: 43; carbohidratos: 8 g; colesterol: 0 mg; grasa: 1.3 g; fibra: 0.9 g; proteínas: 1 g; sodio: 42 mg

*Cambios para diabéticos:* 1/2 almidón, 1/4 grasa

## Galletas de naranja y melaza

Rinde: 40 galletas

1/4 de taza de margarina o mantequilla
3/4 de taza más 2 cucharaditas de azúcar morena ligera
1/4 de taza de melaza
1 clara de huevo
2 cucharaditas de jugo de naranja
1 1/2 tazas de harina de trigo integral para pasteles
2/3 de taza de salvado de avena
3/4 de cucharadita de bicarbonato
1 1/2 cucharaditas de ralladura de cáscara de naranja deshidratada

1. Coloque la margarina o mantequilla y el azúcar morena en el tazón de un procesador de alimentos o batidora eléctrica y mézclelos bien. Agregue la melaza, la clara de huevo y el jugo de naranja y siga batiendo hasta que esté uniforme.

2. Revuelva la harina, el salvado de avena, el bicarbonato y la cáscara de naranja en un tazón mediano. Agregue la mezcla de harina a la de mantequilla y bata hasta mezclar bien la masa y se forme una bola. (Si la masa se ve demasiado seca, agregue un poco más de jugo de naranja.)

3. Cubra la charola para hornear con aerosol antiadherente para cocinar. Con las manos, dé forma a la masa en pequeñas bolas de 1 pulgada y colóquelas en la charola separándolas por 1 y 1/2 pulgadas. (Si la masa está demasiado pegajosa, colóquela en el congelador durante unos minutos.) Con la base de un vaso sumergida en azúcar, aplane cada bolita hasta obtener un grosor de 1/4 de pulgada.

4. Hornee a 148°C durante 14 minutos. Para revisar si están bien cocidas, levante la galleta de la charola con una espátula. El fondo debe estar dorado. Déjelas enfriar en la charola durante un minuto. Luego cámbielas a la rejilla y déjelas enfriar totalmente. Sirva de inmediato o guárdelas en un recipiente hermético.

*Información nutrimental (por galleta):* Calorías: 42; carbohidratos: 7.5 g; colesterol: 0 mg; grasa: 1.2 g; fibra: 0.8 g; proteínas: 1 g; sodio: 36 mg

*Cambios para diabéticos:* 1/2 almidón, 1/4 grasa

## Buñuelos de nuez de castilla

Rinde: 24 buñuelos
2 claras de huevo grandes, a temperatura ambiente
1/8 de cucharadita de cremor tártaro
1/8 de cucharadita de sal
1/4 de taza más 2 cucharaditas de azúcar
1/2 cucharadita de extracto de vainilla
1/2 taza de nuez en mitades

Para mejores resultados, haga estas delicias ligeras como el aire en un día seco. También evite mezclar la yema con las claras de huevo o que las claras no estén batidas correctamente.

1. Coloque las claras de huevo en el tazón de un procesador de alimentos o batidora eléctrica y bata hasta que se convierta en espuma. Agregue el cremor tártaro y la sal, y continúe batiendo hasta que estén a punto de turrón. Siga batiendo despacio e incorpore primero el azúcar, 1 cucharada a la vez, y después el extracto de vainilla. Bátala hasta que esté a punto de turrón. Incorpore en forma envolvente las nueces en mitades.

2. Forre con papel aluminio una charola grande para hornear. (No engrase la charola ni cubra con aerosol para cocinar.) Vierta cucharadas llenas de la mezcla en la charola, dejando 1 y 1/2 pulgadas de distancia entre cada una.

3. Hornee a 121°C durante 45 minutos o hasta que estén duros y de color blanco cremoso. Apague el horno y deje enfriar los buñuelos en el horno 2 horas con la puerta cerrada. Saque las charolas del horno y despegue los buñuelos con una pala. Sírvalos de inmediato o guárdelos en un recipiente hermético.

*Información nutrimental (por buñuelos):* Calorías: 29; carbohidratos: 3.5 g; colesterol: 0 mg; grasa: 1.4 g; fibra: 0.2 g; proteínas: 0.5 g; sodio: 15 mg

*Cambios para diabéticos:* 1/2 almidón, 1/2 grasa

## Merengues de chocolate con menta

Al igual que los buñuelos de nuez, estas dedicadas galletas deben hornearse en un día seco.

Rinde: 24 merengues
2 claras de huevo grandes, a temperatura ambiente
1/4 de cucharadita de cremor tártaro
1/8 de cucharadita de sal
1/4 de taza más 2 cucharaditas de azúcar
2 cucharaditas de cocoa en polvo
3/4 de cucharadita de extracto de vainilla
1/2 taza de chispas de chocolate de menta

1. Coloque las claras de huevo en el tazón de una batidora eléctrica y bata hasta que hagan espuma. Agre-

gue el cremor tártaro y la sal y continúe batiendo hasta que quede a punto de turrón. Siga batiendo e incorpore despacio el azúcar, 1 cucharada a la vez. Luego agregue la cocoa, una cucharada a la vez y luego el extracto de vainilla. Agite la mezcla hasta que quede a punto de turrón. Retire de la batidora y agregue las chispas de chocolate.

2. Forre con papel aluminio una charola para hornear grande. (No engrase la charola ni cubra con aerosol para cocinar.) Vierta cucharaditas llenas de mezcla en la charola, dejando 1 pulgada de distancia entre cada una.

3. Hornee a 121°C durante 45 minutos o hasta que estén firmes. Apague el horno y deje enfriar los merengues en el horno por 2 horas con la puerta cerrada. Saque las charolas del horno y desprenda los merengues con una pala. Sirva de inmediato o guárdelas en un recipiente hermético.

*Información nutrimental (por galleta):* Calorías: 31; carbohidratos: 5 g; colesterol: 0 mg; grasa: 1.1 g; fibra: 0.3 g; proteínas: 0.5 g; sodio: 15 mg

*Cambios para diabéticos:* 1/3 de almidón, 1/4 grasa

## Ruedas de chocolate holandés

Rinde: 64 galletas

1/2 taza de margarina baja en grasa o mantequilla ligera
1 1/2 tazas de azúcar

3 cucharadas de sustituto de huevo sin grasa
2 cucharaditas de extracto de vainilla
1 1/2 tazas de harina sin blanquear
1 1/2 tazas de harina de avena
3/4 de cucharadita de bicarbonato
1/4 de taza de cocoa en polvo procesada holandesa
1 cucharada más 2 cucharaditas de jarabe de chocolate

1. Coloque la margarina o mantequilla y el azúcar en el tazón de un procesador de alimentos o batidora eléctrica y bata hasta que fome una pasta. Incorpore el sustituto de huevo y el extracto de vainilla y mézclelos.

2. Revuelva las harinas y bicarbonato en un tazón mediano. Agregue la mezcla de la harina a la de margarina y agite bien la masa hasta formar una bola que no se pegue a los lados del tazón. (Si la masa se ve muy seca, agregue un poco más de sustituto de huevo. Si está pegajosa, agregue un poco más de harina sin blanquear).

3. Separe la mitad de la masa y deje a un lado. Agregue la cocoa y el jarabe de chocolate a la masa restante y mézclelos bien.

4. Cubra dos hojas cuadradas de 12 pulgadas de papel encerado con el aerosol antiadherente para cocinar. Divida la masa blanca en 2 piezas. Deje 1 pieza de la masa blanca en la superficie de una de las hojas de papel encerado y forme con palmaditas un rectángulo de 4 × 6 pulgadas. Cubra con la otra hoja de papel encerado, y con un rodillo forme con la masa un rectángulo de

6 × 8 pulgadas. Después divida la masa de chocolate en 2 piezas y, de la misma manera, forme con el rodillo una pieza de masa de chocolate en un rectángulo de 6 × 8 pulgadas.

5. Quite el papel encerado de los rectángulos de masa y deje el rectángulo de chocolate en la superficie del rectángulo blanco. Enrolle la doble capa de masa hacia arriba desde el extremo más largo en forma de pan enrollado. Enróllelo en papel encerado y congele mínimo 3 horas o hasta que esté listo para hornear. Repita este procedimiento con las piezas restantes de la masa.

6. Cuando esté listo para hornear, cubra una charola para hornear con aerosol antiadherente para cocinar. Rebane la masa congelada en porciones de 1/4 de pulgada y coloque las rebanadas en la charola, separándolas en 1 1/2 pulgadas.

7. Hornee a 148°C de 12 a 14 minutos. Para revisar que estén bien cocidas, levante una galleta con una espátula. La parte inferior debe estar ligeramente dorada. Deje enfriar las galletas en la charola durante un minuto. Luego cámbielas a las rejillas y déjelas enfriar por completo. Sirva de inmediato o guárdelas en un recipiente hermético.

*Información nutrimental (por galleta):* Calorías: 46; carbohidratos: 9 g; colesterol: 0 mg; grasa: 0.8 g; fibra: 0.5 g; proteínas: 0.8 g; sodio: 23 mg

*Cambios para diabéticos:* 2/3 de almidón

## Bizcocho de chocolate y nuez

Rinde: 24 bizcochos

3/4 de taza más 2 cucharaditas de harina sin blanquear
3/4 de taza de harina de trigo integral para pasteles
2/3 de taza de azúcar
1/4 de taza más 2 cucharaditas de cocoa en polvo procesada holandesa
2 cucharaditas de royal
1/4 de taza de margarina baja en grasa o mantequilla ligera en trozos
1/4 de taza de nueces de castilla picadas y tostadas
1/4 de taza más 2 cucharaditas de sustituto de huevo sin grasa
2 cucharaditas de extracto de vainilla

**1.** Coloque las harinas, el azúcar, la cocoa y el royal en un tazón grande y revuélvalos. Con un cortador de pastas o dos cuchillos, deshaga la margarina o mantequilla hasta que tenga una consistencia cremosa e incorpórela a la mezcla anterior. Agregue las nueces, el sustituto de huevo y el extracto de vainilla y agite hasta que se mezcle bien.

**2.** Vierta la masa en una superficie ligeramente enharinada, divida a la mitad y con cada mitad forme trozos de 9 × 2 pulgadas. Cubra una charola para hornear con aerosol antiadherente para cocinar y coloque los trozos en la charola, dejando 4 pulgadas de espacio entre ellos para permitir que se extiendan. Hornee a 176°C durante 25 minutos o hasta que estén un poco dorados.

3. Déjelos enfriar a temperatura ambiente 10 minutos. Colóquelos en una tabla de picar y use un cuchillo de sierra para cortarlos en rebanadas diagonales de 1/2 pulgada.

4. Reduzca la temperatura del horno a 148°C. Regrese las rebanadas a la charola para hornear, colocándolas en una capa sencilla con el lado del corte hacia abajo. Hornee por 10 minutos. Luego, voltee las rebanadas y hornee 10 minutos más o hasta que estén secos y crujientes.

5. Pase los bizcochos a las rejillas y deje enfriar por completo. Sirva de inmediato o guarde en un recipiente hermético.

*Información nutrimental (por galleta):* Calorías: 72; carbohidratos: 13 g; colesterol: 0 mg; grasa: 2 g; fibra: 1 g; proteínas: 1.7 g; sodio: 45 mg

*Cambios para diabéticos:* 1 almidón, 1/3 grasa

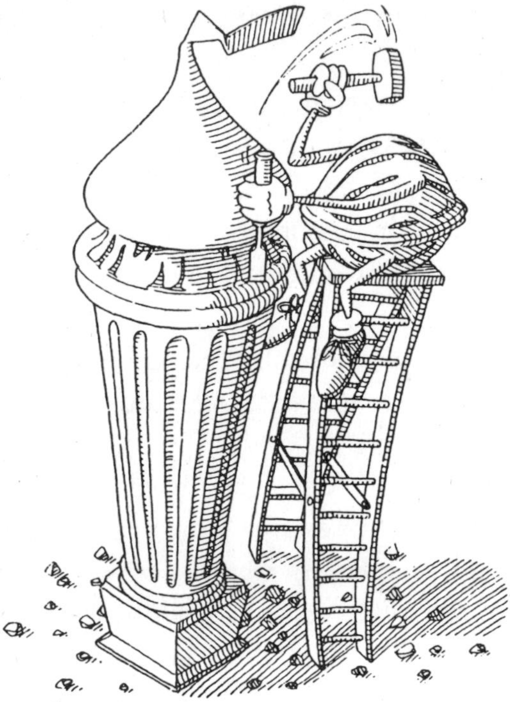

# Tartas, pasteles de frutas y otros fabulosos postres de frutas

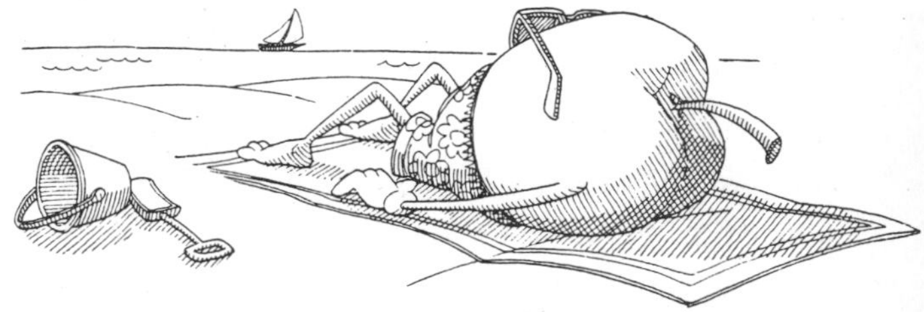

Cuando se quiere un postre lleno de virtud casera, se piensa en pasteles de frutas y tartas. Con sus rellenos de fruta, los pasteles de fruta y las tartas contienen muy poca azúcar y grasa. De hecho, los rellenos de los postres presentados en este capítulo se endulzan en su mayoría con el azúcar de la fruta. Incluir los jugos de frutas y frutas deshidratadas también agrega dulzura natural. Los sabores como la canela molida y la nuez moscada mejoran adicionalmente la dulzura, reduciendo la necesidad de azúcar o sustitutos de la misma.

Por supuesto, en la mayoría de los postres a base de frutas tradicionales, la fuente más grande de grasa es la cubierta. ¡No es inusual que las migajas sabor canela encima de una tarta de manzana contengan una barra completa de mantequilla, o una taza de azúcar morena! Como se ha visto, con los ingredientes correctos, es fácil reducir en gran medida tanto la grasa como el azúcar sin sacrificar los sabores y las texturas que tanto le gustan. En este capítulo, las cubiertas crujientes y con migajas, combinan productos de granos dulces como avena integral y salvado de avena con una variedad de otros productos sanos, como germen de trigo tostado, nueces, concentrado de jugo de frutas, canela molida y jengibre. Estas cubiertas son crujientes, y tienen un aroma y una dulzura que sólo necesitan muy pequeñas cantidades de endulzantes. La corteza de pan de los pasteles de frutas están hechas de harinas de integrales y sin blanquear y están humedecidas con jocoque sin grasa y otros productos cotidianos sin grasa. Llenas de bondad casera, estas cubiertas dulces son bajas en grasa y azúcar.

Al hacer los postres con frutas frescas, debe asegurarse de usar productos muy dulces y maduros, ya que esto reducirá la necesidad de agregar azúcar y asegurará un resultado sabroso. ¡No crea que los pasteles de frutas y las tartas sólo se pueden hacer durante los meses de verano, cuando abundan las frutas frescas! Una amplia variedad de postres tentadores son posibles hasta en el día invernal más frío, ya que estas recetas aprovechan las frutas frescas de cada estación del año, así como las frutas congeladas y enlatadas en almíbar. Servidos calientes, estos deleites cariñosos le proporcionarán a su familia una sensación a la antigua durante todo el año.

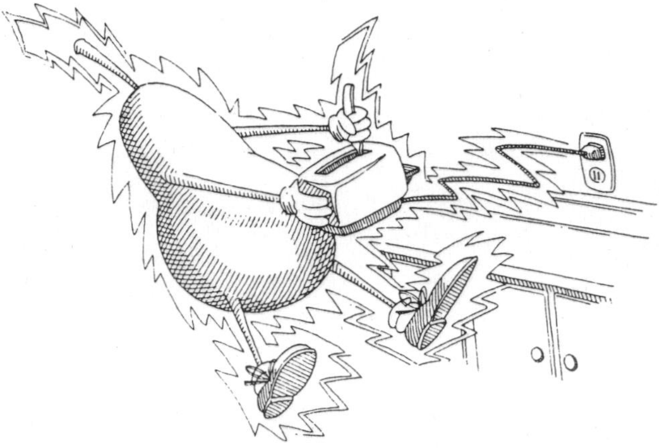

## Tarta de frutas combinadas

Rinde: 8 porciones

**Relleno:**

2 manzanas medianas, peladas y finamente rebanadas

2 peras medianas, peladas y cortadas en trozos de 3/4 de pulgada

2 ciruelas rojas medianas con cáscara, cortadas en rebanadas de 3/4 de pulgada

1/4 de taza de pasas o arándanos deshidratados

Sustituto de azúcar equivalente a 2 cucharadas de azúcar

**Cubierta:**

4 1/2 galletas de trigo bajas en grasa grandes (2 1/2 × 5 pulgadas)

1/4 de taza de azúcar morena ligera

2 cucharadas de nueces finamente molidas

1/4 de cucharadita de canela molida

1/4 de cucharadita de jengibre molido

2 cucharaditas de margarina baja en grasa o mantequilla ligera

**1.** Para hacer el relleno, coloque las manzanas, peras, pasas o arándanos deshidratados y el sustituto de azúcar en un tazón grande y mézclelos bien. Cubra un molde para pay de 9 pulgadas con aerosol antiadherente para cocinar y distribuya la mezcla de la fruta en el molde. Déjelo a un lado.

**2.** Para hacer la cubierta, rompa las galletas de trigo

integral, colóquelas en una licuadora o procesador de alimentos y muélalas. Mida las galletas molidas. Debe ser 1/2 taza. (Ajuste la cantidad si es necesario.)

3. Coloque las galletas molidas, azúcar morena, las nueces, la canela molida y el jengibre en un pequeño tazón y revuélvalos bien. Con un cortador para pasteles o 2 cuchillos, deshaga la margarina o mantequilla y mézclela hasta que la pasta esté húmeda y se desmorone. Espolvoree la cubierta sobre el relleno.

4. Hornee sin tapar a 190°C durante 35 minutos o hasta que el relleno tenga burbujas y la cubierta esté dorada. Si la cubierta empieza a dorarse demasiado rápido, cubra con papel aluminio durante los últimos minutos del horneado. Sirva caliente o a temperatura ambiente.

*Información nutrimental (por ración):* Calorías: 150; carbohidratos: 30 g; colesterol: 0 mg; grasa: 3.5 g; fibra: 2.5 g; proteínas: 1.7 g; sodio: 87 mg

*Cambios para diabéticos:* 1 almidón, 1 fruta, 3/4 grasa

## Deliciosa tarta de ciruela

Rinde: 8 porciones

Relleno:

6 tazas de ciruelas rojas maduras con cáscara (8 medianas o grandes)

2 cucharadas de azúcar morena ligera

Cubierta:

1/2 taza de avena de cocción rápida
1/4 de taza de harina de trigo integral para pasteles
1/4 de taza de azúcar morena ligera
1/4 de taza de nueces picadas
1/2 cucharadita de canela o jengibre molido
2 cucharadas de jugo concentrado de manzana congelado (licuado)

1. Para hacer el relleno, coloque las ciruelas y el azúcar morena en un tazón grande y mézclelos. Cubra un molde para hornear cuadrado de 8 pulgadas con aerosol antiadherente para cocinar y distribuya la mezcla en el molde. Déjelo a un lado.

2. Para hacer la cubierta, coloque la avena, el harina, el azúcar, las nueces y la canela o jengibre en un tazón mediano para mezclarlos. Agregue el concentrado de jugo, y revuelva hasta que la mezcla esté húmeda y se desmorone. Rocíe la cubierta sobre el relleno.

3. Hornee sin tapar a 190°C durante 35 minutos o hasta que el relleno tenga burbujas y la cubierta esté dorada. Cubra con papel aluminio durante los últimos 10 o 15 minutos del horneado si la cubierta empieza a dorarse demasiado rápido. Sírvalo caliente.

*Información nutrimental (por ración):* Calorías: 157; carbohidratos: 31 g; colesterol: 0 mg; grasa: 3.4 g; fibra: 3.6 g; proteínas: 3.3 g; sodio: 4 mg

*Cambios para diabéticos:* 1 almidón, 1 fruta, 2/3 grasa

## Tarta de durazno con almendras

Rinde: 8 porciones
5 tazas de duraznos pelados rebanados (7 medianos)
1/4 de taza de pasas doradas o dátiles en trozos
Sustituto de azúcar equivalente a 1/4 de taza de azúcar
Cubierta:
2 tazas de cereal de hojuelas de avena y almendras
1/4 de taza de azúcar morena ligera
1/4 de cucharadita de jengibre molido
1/4 de cucharadita de nuez moscada molida
2 cucharadas de margarina baja en grasa o mantequilla ligera, en trozos
1/4 de taza de almendras rebanadas

1. Para hacer el relleno, coloque los duraznos, pasas o dátiles y el sustituto de azúcar en un tazón grande y mezcle todo. Cubra un molde para hornear cuadrado de 8 pulgadas con aerosol antiadherente para cocinar y distribuya la mezcla en el molde. Déjela a un lado.

2. Para hacer la cubierta, coloque el cereal en una licuadora y muélalo. Mida el cereal molido. Debe ser 3/4 de taza. (Ajuste la cantidad si es necesario.)

3. Coloque el cereal, el azúcar morena, el jengibre y la nuez moscada en un tazón pequeño y revuélvalos. Con un cortador de pasteles o 2 cuchillos, deshaga la margarina o mantequilla, incorpórela al cereal hasta que

la mezcla esté húmeda y se desmorone. Agregue las almendras y vierta la cubierta sobre el relleno.

4. Hornee sin tapar a 190°C durante 35 minutos o hasta que el relleno tenga burbujas y la cubierta esté dorada. Cubra con papel aluminio durante los últimos minutos del horneado si la cubierta empieza a dorarse demasiado rápido. Sirva caliente o a temperatura ambiente.

*Información nutrimental (por ración):* Calorías: 166; carbohidratos: 32 g; colesterol: 0 mg; grasa: 3.2 g; fibra: 2.9 g; proteínas: 2.9 g; sodio: 67 mg

*Cambios para diabéticos:* 1 almidón, 1 fruta, 1/2 grasa

## Pastel de frutas California

Rinde: 6 porciones

1 lata de duraznos en almíbar sin colar (1 libra)
1 lata de chabacanos en mitades en almíbar sin colar (1 libra)
1/4 de taza de ciruelas pasas deshuesadas o dátiles en trozos

Cubierta:

1/4 de taza de salvado de avena
1/4 de taza de germen de trigo tostado
2 cucharaditas de harina de trigo integral
1/3 de taza de azúcar morena ligera
1/2 cucharadita de canela molida
2 cucharaditas de margarina baja en grasa o mantequilla ligera

1. Para hacer el relleno, cuele los duraznos y los chabacanos, guardando 2 cucharadas del almíbar de cada fruta. Coloque los duraznos, los chabacanos, el almíbar reservado y las ciruelas pasas o los dátiles en un tazón grande y mézclelos bien. Cubra un molde para pay de 9 pulgadas con aerosol antiadherente para cocinar y distribuya la mezcla en el molde. Déjela a un lado.

2. Para hacer la cubierta, combine el salvado de avena, el germen de trigo, el harina, el azúcar morena y la canela molida en un tazón pequeño y revuélvalos. Con un cortador de pastel o 2 cuchillos, deshaga la margarina o mantequilla e incorpórela a los otros ingredientes hasta que la mezcla esté húmeda y se desmorone. Vierta la cubierta sobre el relleno.

3. Hornee sin tapar a 190°C durante 30 minutos o hasta que el relleno tenga burbujas y la cubierta esté dorada. Cubra con papel aluminio durante los últimos minutos del horneado si la cubierta empieza a dorarse demasiado rápido. Sirva caliente o a temperatura ambiente.

*Información nutrimental (por ración):* Calorías: 148; carbohidratos: 31 g; colesterol: 0 mg; grasa: 3.1 g; fibra: 4 g; proteínas: 3.7 g; sodio: 21 mg

*Cambios para diabéticos:* 1 almidón, 1 fruta, 1/2 grasa

## Pastel de crema pastelera con cereza

Rinde: 8 porciones
Relleno:
3 cucharadas de azúcar
1 cucharada más 1 cucharadita de maicena
1 paquete (12 onzas) de cerezas dulces maduras congeladas (licuadas) o cerezas rojas agrias
3 cucharaditas de jugo de naranja
Cubierta:
3/4 de taza de harina sin blanquear
3 cucharaditas de azúcar
1 1/2 cucharaditas de royal
3/4 de taza de leche descremada evaporada
2 claras de huevo
1 cucharadita de extracto de vainilla
1/2 cucharadita de extracto de almendras
2 cucharadas de azúcar glass
Para variar, puede sustituir las cerezas por arándanos o zarzamoras.

1. Para hacer el relleno, vacíe el azúcar y la maicena en una cacerola de 1 1/2 litros y mezcle bien. Cuele el jugo de las cerezas licuadas y eche el jugo en la cacerola, guarde las cerezas. Agite hasta disolver la maicena. Agregue el jugo de naranja.

2. Coloque la cacerola a fuego medio y cocine, agitando constantemente hasta que la mezcla espese y

burbujee. Añada las cerezas y cocine sin dejar de mover, durante otro minuto o hasta que la mezcla se caliente por completo. (Si usa cerezas agrias, en este momento tendrá que agregar sustituto de azúcar equivalente a 1/4 de taza de azúcar). Si la mezcla parece demasiado espesa, agregue un poco más de jugo de naranja.

3. Cubra un molde para hornear cuadrado de 8 pulgadas con aerosol antiadherente para cocinar y vierta la mezcla de cerezas caliente en el molde. Déjela a un lado.

4. Para hacer la cubierta, coloque todos los ingredientes de la cubierta en una licuadora y mezcle 45 segundos o hasta que esté uniforme. Vierta la cubierta sobre la fruta caliente y hornee sin tapar a 218°C durante 15 minutos o hasta que la cubierta esté ligeramente dorada.

5. Retire el molde del horno y cierna el azúcar glass sobre la superficie. Déjelo enfriar por 10 minutos antes de servir.

*Información nutrimental (por ración):* Calorías: 144; carbohidratos: 31 g; colesterol: 1 mg; grasa: 0.3 g; fibra: 1.3 g; proteínas: 4.5 g; sodio: 110 mg

*Cambios para diabétiicos:* 1 almidón, 1 fruta

## Pastel de manzana con canela

Rinde: 9 porciones

2 cucharaditas de maicena

1/2 taza más 1 cucharadita de jugo de manzana sin endulzar dividida

6 tazas de manzanas peladas rebanadas (9 medianas)
3/4 de cucharadita de canela molida
Sustituto de azúcar morena equivalente a 1/4 de taza de azúcar morena

**Cubierta:**

3/4 de taza más 2 cucharaditas de harina de trigo integral para pasteles o harina sin blanquear
1/4 de taza más 2 cucharaditas de azúcar
1 cucharadita de royal
1/4 de cucharadita de bicarbonato
3/4 de taza de jocoque sin o baja en grasa
1 clara de huevo, ligeramente batida

1. Para hacer el relleno, vierta la maicena y 1 cucharada del jugo de manzana en un tazón pequeño y mézclelas. Déjela a un lado.

2. Coloque las manzanas, el resto del jugo de manzana y la canela molida en una cacerola de 3 litros y hierva a fuego alto. Reduzca el fuego de medio a bajo, cubra, cocine y agite en ocasiones, durante 8 minutos o hasta que las manzanas se suavicen. Agite la mezcla de maicena y agregue a la cacerola. Cocine y agite sin tapar durante otro minuto más o hasta que la mezcla se espese. Retire la cacerola del fuego y mézclela con el sustituto de azúcar.

3. Cubra una cacerola de 2 litros con aerosol antiadherente para cocinar y distribuya la mezcla caliente en el molde.

4. Para hacer la cubierta, coloque la harina, el azúcar, el royal y el bicarbonato en un tazón mediano y revuélvalas. Agregue el jocoque y la clara y bata hasta humedecer los ingredientes secos. Distribuya la crema pastelera sobre la fruta caliente.

5. Hornee sin tapar a 204°C durante 20 minutos o hasta que el pastel de frutas burbujee en las orillas y la cubierta esté dorada. Retire el molde del horno y déjelo enfriar por 10 minutos antes de servir.

*Información nutrimental (por ración):* Calorías: 134; carbohidratos: 31 g; colesterol: 0 mg; grasa: 0.6 g; fibra: 2.8 g; proteínas: 2.8 g; sodio: 104 mg

*Cambios para diabéticos:* 1 almidón, 1 fruta

## Pastel de pera con arándano

Relleno:
5 tazas de peras peladas rebanadas (5 medianas)
1/2 taza de arándanos frescos o congelados finamente picados (sin licuar)
2 cucharaditas de azúcar morena ligera
Sustituto de azúcar equivalente a 3 cucharadas de azúcar
Cubierta:
1/3 de taza de salvado de avena
1/4 de taza de harina de trigo integral para pasteles
1/3 de taza de azúcar morena ligera

1/4 de cucharadita de canela molida
2 cucharadas de margarina baja en grasa o mantequilla ligera, en trozos

1. Para hacer el relleno, coloque las peras, los arándanos, el azúcar morena y el sustituto de azúcar en un tazón grande y mézclelos. Cubra un molde para pay de 9 pulgadas con aerosol antiadherente para cocinar y distribuya la mezcla de frutas en el molde. Déjela a un lado.

2. Para hacer la cubierta, vacíe el salvado de avena, la harina, el azúcar y la canela en un tazón mediano y revuélvalas. Con un cortador de pastel o 2 cuchillos, deshaga la margarina o mantequilla e incorpórela a la mezcla anterior hasta que ésta quede en moronas. Rocíe la cubierta sobre el relleno.

3. Hornee sin tapar a 190°C durante 35 minutos o hasta que el relleno burbujee en las orillas y la cubierta esté dorada. Cubra con papel aluminio durante los últimos minutos del horneado si la cubierta empieza a dorarse demasiado rápido. Sirva caliente o a temperatura ambiente.

*Información nutrimental (por ración):* Calorías: 130; carbohidratos: 30 g; colesterol: 0 mg; grasa: 2.3 g; fibra: 3.7 g; proteínas: 1.6 g; sodio: 16 mg

*Cambios para diabéticos:* 1 almidón, 1 fruta, 1/2 grasa

## Manzanas horneadas con arándano

Rinde: 4 porciones
4 manzanas medianas
1/4 de taza de nueces picadas
2 cucharadas de arándanos o pasas deshidratados y picados
Jarabe:
3/4 de taza más 2 cucharaditas de coctel de jugo de arándano
2 cucharaditas de maicena
1/4 de cucharadita de canela molida
Sustituto de azúcar morena ligera equivalente a 1/4 de taza de azúcar

1. Para hacer el jarabe, vierta una cucharada del jugo, la maicena y la canela en una cacerola de 1 litro y mézclelos bien. Agregue el jugo restante y ponga la cacerola a fuego medio. Cocine y agite durante 2 minutos o hasta que la mezcla hierva y espese un poco. Retire la cacerola del fuego y mézclela con el sustituto de azúcar. Déjela a un lado.

2. Quite el corazón a las manzanas, comenzando por el extremo del rabo de la manzana pero no corte a través del lado opuesto. Pele la tercera parte superior de cada manzana.

3. Cubra un molde cuadrado de 8 pulgadas con aerosol antiadherente para cocinar y coloque las manza-

nas. Ponga las nueces y arándanos o pasas en un tazón pequeño y revuélvalos. Con una cuchara, eche 1 1/2 cucharaditas de la mezcla en la cavidad de cada manzana. Vierta el jarabe sobre y alrededor de las manzanas.

4. Cubra el molde con papel aluminio y hornee a 176°C durante 30 minutos. Retire el papel aluminio, y con una cuchara añada el jarabe caliente del molde sobre las manzanas. Hornee sin tapar por 10 minutos más o hasta que las manzanas estén suaves. Pase las manzanas a platos y écheles el jarabe encima. Sirva caliente.

*Información nutrimental (por ración):* Calorías: 171; carbohidratos: 33 g; colesterol: 0 mg; grasa: 5 g; fibra: 3.3 g; proteínas: 2.3 g; sodio: 2 mg

*Cambios para diabéticos:* 2 frutas, 1 grasa

Esta edición se imprimió en Enero del 2000, en Edit. Imp. Fernández S.A. de C.V. Retorno 7 de sur 20 # 23, 08500. México D.F.

DOBLAR Y PEGAR

## SU OPINIÓN CUENTA

Nombre..........................................................................................................

Dirección:

Calle y núm. exterior ............................................interior..................................

Colonia ........................................................ Delegación ...............................

C.P. ..................................................... Ciudad/Municipio ..............................

Estado...................................................................... País ...................................

Ocupación ........................................................................ Edad .......................

Lugar de compra .........................................................................................

Temas de interés:

- ❒ *Empresa*
- ❒ *Superación profesional*
- ❒ *Motivación*
- ❒ *Superación personal*
- ❒ *New Age*
- ❒ *Esoterismo*
- ❒ *Salud*
- ❒ *Belleza*
- ❒ *Psicología*
- ❒ *Psicología infantil*
- ❒ *Pareja*
- ❒ *Cocina*
- ❒ *Literatura infantil*
- ❒ *Literatura juvenil*
- ❒ *Cuento*
- ❒ *Novela*
- ❒ *Cuento de autor extranjero*
- ❒ *Novela de autor extranjero*
- ❒ *Juegos*
- ❒ *Acertijos*
- ❒ *Manualidades*
- ❒ *Humorismo*
- ❒ *Frases célebres*
- ❒ *Otros*

¿Cómo se enteró de la existencia del libro?

- ❒ *Punto de venta*
- ❒ *Recomendación*
- ❒ *Periódico*
- ❒ *Revista*
- ❒ *Radio*
- ❒ *Televisión*

Otros: ..........................................................................................................

Sugerencias: ____________________________________________

______________________________________________________

______________________________________________________

**Postres para diabéticos**

RESPUESTAS A PROMOCIONES COMERCIALES
(ADMINISTRACIÓN)
SOLAMENTE SERVICIO NACIONAL

CORRESPONDENCIA
DF-047-97
AUTORIZADO POR *SEPOMEX*

EL PORTE SERÁ PAGADO POR:

**Selector S.A. de C.V.**

Administración de correos No. 7
Código Postal: 06702, México D.F.